目次

自分と家族のための エンディングノート作成入門
―遺言・相続・成年後見　決めることは自分で決めてあとの人が困らないために

はしがき ……………………………………………………………………… 5

第1章　エンディングノートは「立つ鳥跡を濁さず」のアイテムのひとつ …… 9

　　葬儀には「揉め事」がつきもの（12）
　　「遺言書」と「遺書」は似て非なるもの（14）
　　遺言書は難しくてお金がかかるから敬遠されがち（15）
　　遺言書よりもエンディングノートが優れている場合（16）
　　エンディングノートよりも遺言書が優れている場合（16）
　　年金受給者になった時が適齢期（17）
　　エンディングノートには様々なものがある（17）
　　巷に出回っているエンディングノートは本当に書きやすいのか（20）

第2章　ひとりの死にかかるお金・手続き・人間模様 ……………………… 21

　　人が亡くなると…（24）
　　エンディングノートがあるだけで遺族の負担はかなり減る（35）
　　格安の葬儀と癒しのある葬儀（37）
　　火葬そのものは1体1〜3万円が相場（37）
　　ネット通販で棺・骨壺を買える時代（38）
　　葬儀には「癒し」の知恵が継承されている（39）

第3章　エンディングノートを書こう ……………………………………… 43

　　エンディングノートはドキュメント編とメモリアル編に分けられる（46）
　　エンディングノートは正確かつ合理的に、楽しんで作成すべきもの（46）

デジタルカメラとコンビニコピー機の活用法（47）
　　コピーと資料貼り付けのヒント（58）

エンディングノートドキュメント編（69）
　①ご自身に関する各種情報（71）
　②健康保険証の種類・番号（73）
　③年金関係の書類（75）
　④生保・損保・各種共済などの証券類（77）
　⑤金融機関の通帳（銀行・信金・ゆうちょ）（79）
　⑥公共料金関係（81）
　⑦携帯・インターネット関係（83）
　⑧医療・健康情報（85）
　⑨家族・親族の連絡先（89）
　⑩友人・知人一覧（93）
　⑪介護（95）
　⑫相続・葬儀について（99）
　⑬お墓・納骨について（107）
　⑭動産・不動産関係（109）
　⑮車やバイク（111）
　⑯クレジットカード類（113）
　⑰株券や金融商品の証券類（115）
　⑱コレクション（119）
　⑲ペットについて（121）
　⑳家系図（123）

エンディングノートメモリアル編（125）
　私の人生年表（127）
　家族へのメッセージ（129）
　親族へのメッセージ（131）
　友人・知人へのメッセージ（133）
　この国、この社会に向けてのメッセージ（135）

第4章　成年後見制度の利用法 …………………………………… 137

成年後見制度とエンディングノート（140）
「後見人」は家庭裁判所が選任した「法的な面倒を見る人」である（140）
成年後見制度は「法定」と「任意」の２つに分けられる（141）
できることなら気心の知れている人を選びたい（142）
かかりつけの法律家と付き合っておく（143）

第5章　遺言書の作り方 …………………………………………… 145

ちゃんとした遺言書が１枚あれば無用な争いは防げる（148）
「法定相続でかまわない」と思うならそれを遺言書に書こう（152）
ちゃんとした遺言書を作りたい人は専門家に相談すべき（155）
自筆証書遺言の検認手続きは家庭裁判所で行う（155）

第6章　遺言・相続・成年後見制度に詳しい全国行政書士一覧 …………… 159

お金がかかるから「遺言書は作らない」という人が多数（162）
それでも遺言書を作る意義（163）
葬儀にかけるお金を１０％節約するだけで遺言書が作れる（164）
この本に「行政書士」の一覧が掲載されている理由（164）

あとがき ……………………………………………………………………… 187

はしがき

　みなさんはじめまして。ジャーナリストの松本肇です。この本を手に取ってくださってありがとうございます。
　私は1999年、29歳の時に、「読売日本テレビ文化センター」というカルチャースクールで、「自分でできる民事訴訟」という授業を受け持っていたことがあります。
　私は別に弁護士でもなければ大学の教員でもありません。それどころか、国家資格の類は、運転免許くらいしか持っていません。そんな私が抜擢されたのは、大学院で民事訴訟法を専攻して修士を持っていたことや、いくつかの本人訴訟を経験したこと、そして私が平日の昼間でも講義ができるフリーランスな職業だったからです。
　また、「自分でできる民事訴訟」なんて名前の授業ですから、弁護士が講師を担当したら、その弁護士自身が自分の存在意義を問うことになりますから、私くらいしかやり手がいなかったのだろうと思います。
　私が担当したこの授業は、その科目名の通り、「法律を勉強したことのない素人でも裁判に勝つ方法」を学べるというものだったのですが、実は私はこの授業で、ほとんど法律や条文を解説しませんでした。なぜなら、民事訴訟の実務において大切なのは、法律をしっかり勉強することではないからです。どんなに素晴らしい訴状が書けても、準備書面の執筆能力が高くても、法廷でのやり取りがうまくても、六法を丸暗記していたとしても、そのせいで裁判に勝てるわけではありません。裁判に勝つために一番大切なのは、「きちんとした証拠を揃えて提出できること」なのです。
　そう、法律をしっかり勉強した人が裁判で勝てるというなら、そもそも自ら法廷で戦う「本人訴訟」なんてものが成り立つはずがありません。しかし実際は、裁判官を納得させられる理屈を述べて、きちんとした証拠があれば、たいていの民事訴訟は勝てるようになっているのです。

だから私たちは、商品を買ったらその証拠として領収証、お金の貸し借りなら借用書（金銭消費貸借契約書）、人に殴られたら医師の診断書、浮気をされたら相手のメールや現場をカメラで撮影しておくなど、後で紛争に発展しそうな場合に備えて、とにかく何らかの証拠を残しておくのです。

　さて、本書は、エンディングノートの書き方を説明する本であります。
　なぜ冒頭から民事訴訟の話をするかというと、エンディングノートを書くことは、民事訴訟の証拠集めに通じるところがあるからです。テレビや新聞で「エンディングノートが流行っている」と話題にされることが多くなっています。しかし、ほとんどの人は、その本質的な機能について、よく考えずに買ってしまい、理解しないままとりあえず書き始めるのではないでしょうか。
　ここでお聞きします。みなさんはエンディングノートを、何をするために作ろうとしていますか。次の3つの選択肢から選んでみてください。

（1）自分が生きてきた証として記録を残すため。
（2）自分が死んでしまった後、相続など財産上の無用なトラブルを回避するため。
（3）自分の記録を残し、死後のトラブルを回避するよう、遺族に指示するため。

「エンディングノート」というものには、実はこれといって決まりはありません。だから、何が目的であっても、どれを選んでもかまいません。
　もし、あなたにとってのエンディングノートが、（1）の機能を期待するものだとしたら、人生を省みるためには良いと思います。そういう生存記録を残しておきたい場合は「日記」とか「自分史」の機能があるエンディングノートを用意すべきだと思います。
　もし、あなたにとってエンディングノートが、（2）の財産上のトラブルを回避するためのものと考えるのなら、実はそれは遺言書そのものです。本来であれば、遺言についての解説書を買うか、最初から法律家に相談すべきもので、中途半端に書いてしまうと、よりトラブルを招いてしまう原因になりかねません。
　本書は、この（3）に着目しました。一口に「死後のトラブル」といっても、相続問題だけではありませんよね。お葬式はどういう規模のものをどこに依頼するかとか、新聞や公共料金などを止める方法とか、遺言書ではすぐに対応できな

いことを記しておくことで、無用なトラブルを回避し、細々とした出費を削減することができます。
　つまり、(1) の機能と (2) の機能のいいとこ取りです。
　だから、本書はこのような方針で制作することにしました。部分的に似たような機能を持つエンディングノートは他にあるかもしれませんが、これらを適切に網羅できる類書は他にないはずです。

本書が目指すエンディングノート
1. 自分がどのような生い立ちで、どういう信条で生きてきたかを遺族に伝えること。
2. 自分の死後、無用なトラブルや争い事を回避すること。
3. そしてその結果、自分に関わる多くの人が、心安らかに自分の死を受け入れ、自分との楽しい思い出をいつまでも心に留めておいてくれること。

　今回、本書を制作する上で、最もこだわることにした部分は2番「無用なトラブルや争いを回避する」という事項です。
　死後のトラブルといえば、相続財産をめぐる骨肉の争いが思い浮かびますが、数億円単位の遺産ならともかく、目ぼしい財産などほとんどないのに、100万くらいの遺産で家族が争うことになったら嫌ですよね。
　また、本来の相続人である親族よりも、プライベートで世話になっていた隣人や身の回りの世話をしてくれた友人・知人などに財産を分けてあげたい、出身校に寄付したいと思っている人も多いようですが、こうした意思表示を中途半端にエンディングノートなどに書き込んでおくと、それが実行されなかったり、せっかくの善意がトラブルに発展してしまうことが起こりえます。遺言書は、それなりに様式が決まっているため、不用意にノートに書いてしまったりすると、そこから争いが生じてしまうことがあるのです。
　そんなトラブルを未然に防ぐために、このエンディングノート入門はあります。

　そう、冒頭で私が述べた、「民事訴訟における「きちんと証拠を揃えておく」ことというのは、エンディングノートにおいては、自分の死後について、意思を明確にしておくこと、そしてきちんとした様式に従った遺言書を書いておくことなのです。

この本は、全ての人に必ず訪れる「死」と、その後から始まる各種手続きについて、基本的な手続きや合理的な解決法を説明するものです。悪徳業者に惑わされることもなく、そしてずるい親戚の口車に乗せられることもなく、専門家に頼むべきところは適切な専門家に依頼するための知識、お金をかけるべきところとかけなくてもいいところの区別など、ある日突然、「遺族」という立場になってしまった人にストレスをかけないための指導書でもあります。

　そんな本の執筆者である私こと松本肇は、さぞ葬祭に詳しい人物なのだろうと思われる方もいると思います。しかし、私はさほど詳しいわけではありません。どちらかといえば、私にとっての死は、いつも急に訪れるものでした。いつも家族と戸惑い、葬儀に余計な金を使い、寺や墓地の問題に悩み、少ない財産を分ける頃には疲弊して何も考えられなくなってしまっていたのです。

　この本の版元であるオクムラ書店の編集者Eさんも、お父様の葬儀をめぐり、実に多くの悩みを持たれたため、本書の制作に前向きになっていただきました。

　そんな経験をふまえ、私は遺言・相続・成年後見制度に詳しい今村正典行政書士（神奈川県行政書士会）と、解説マンガとして定評のあるぼうごなつこさんの協力を得て本書を執筆しました。

　どうか最後まで、興味を持ってお読みいただければ幸甚です。

ジャーナリスト　松本肇

第1章

エンディングノートは
「立つ鳥跡を濁さず」の
アイテムのひとつ

人は還暦とか、定年退職を
迎えたりすると、
「人生の総まとめ」を考えます

ある人は肖像画を残したり…

また、ある人は自分史を書きます

パソコンのできる人は、
ブログに情報を集めておいたり、

財産のある人は遺言書を
作成したりしますが…

人並みの財産、人並みの人生を
おくってきた人には、どれも
ハードルが高いものです

今はお金をかけず、手間も
かけず、人生をしめくくる
ものがはやっています

これが、一般にいう
「エンディングノート」です

葬儀には「揉め事」がつきもの

　本書の著者である私、松本肇は、1970年、大阪万博の年に生まれました。平成27年1月現在、44歳であります。
　私は今まで、親戚や友人など、幾人かの死に直面してまいりました。
　特に宗教に関わっている訳でもなく、葬儀に精通している訳でもなく、特に病床に伏せていることを知らされてくる訳でもありませんから、私はいつも誰かの死を、突然知らされることになります。
　そして、その突然の訃報に、私の両親が対応しているのを端から見ることしかできませんでした。
　私が見送ってきた親戚は、どの人たちも、特別大きな財産を遺したわけではありません。一番多かった人でも、不動産と生命保険を合わせて1,500万円くらい。逆に少なかった親戚は、葬儀が終わってみたら、現金などが乏しく、ほとんど家財道具だけでした。なのに、相続や遺産、そして葬式のあり方で大きく揉めた経験が何度かあるのです。
　1億円くらいの遺産を、誰がどのように相続するかといった話なら、遺族間で骨肉の争いが起きても仕方のないことだと思うのですが、私の経験したケース、また人から聞いたケースでも、わずか2～3百万円くらいの遺産で、揉め事が起きた例もあります。
　ちょっと思い起こすだけで、いろんな揉め事がありましたので、紹介しておきます。

宗教で揉める
　実は私の伯母が亡くなった時、どこの葬儀会社を利用すべきかで、揉めました。
　伯母は生前、仲のよい友人が入信している、ある新興宗教の葬儀を利用する約束をしていました。新興宗教といっても、仏式の葬儀だから特に私は反対しなかったのですが、その新興宗教はたまにマスコミを賑わすこともある、問題のあるところだったので、反対する遺族も出てきました。
　しかし、伯母のその友人は「間違いなく私は葬儀を利用するよう頼まれた」と言い張るので、親戚一同は、その友人とされる人の意見に従い、その新興宗教に依頼することにしました。

ふだんから付き合っているお寺があって、そのお寺で葬儀を行うことが明白な場合はともかく、何も証拠がない中で、誰かが「こうに違いない」、「こう言っていた！」と主張し始めると、声の大きい人が優ってしまいます。

でも、「私が死んだら、近所のあのお寺さんにお願いしてほしい」と何かに書き記してあれば、その記述を見せて「故人の希望だからこうしてあげる」と周囲を容易に説得することができるのです。

葬儀の料金で揉める

私に近い親戚が、まだ50代の若さなのに、自宅で急死しました。彼は内臓の疾患を抱えていたため、ほんのちょっとしたことで急変し、救急車も呼べずに息絶えてしまったのです。

このような場合、変死扱いとなるため、所轄の警察が担当することになります。さすがに50代で亡くなるとは誰も思ってもいなかったので、私たちはあたふたしてしまい、所轄の警察に出入りしている葬祭業者を紹介されるままに、あまり細かい説明も受けずに、依頼しました。

そういう状況であたふたしていたせいか、身内だけの葬儀なのに、だいぶ身分不相応な豪華な葬儀を選択してしまいました。故人の財産は少なかったため、葬儀費用を差し引いたら赤字でした。そこで、仕方なく、遺族同士でお金を出し合うことになりました。

私も出席したこの葬儀では、特に異論を述べる人はいませんでしたが、不必要に高額な葬儀を依頼してしまった場合、それが相続財産を著しく減少させてしまう原因になってしまうため、遺族間で揉めてしまうこともあるそうです。

もし、葬祭業者に依頼する時点で、「私が死んだ時は貯金の範囲内で葬儀をしてほしい」とか、お金をかけてほしくないなどの要望が書かれたものがあれば、見積もりの段階で業者さんに提示することができたはずです。

「形見分け」で揉める

そしてまた別の親戚の葬儀の際、葬儀が一通り終わったところで、嫌な光景を見てしまいました。故人は子どもがいませんでした。子どもがいれば遺品は全てその子が相続財産になるのですが、それがいなかったため、相続人は兄弟姉妹となります。

すると、その兄弟姉妹が、家のあちこちを家捜しして、まるで宝探しのように

金目の物を探しては自分の物にするのです。
　売れば数十万円くらいしそうな宝石が出てきた時には、「生前、これは私にくれると言っていた」などと言い張る人も出てきます。
　本来、形見分けというのは、売却しても二束三文の物を、本人の使っていた思い出の品として分けるものであって、数十万円もの宝石が出てきたら、遺産分割協議などの際に、インチキされないよう、適正に配分しなければなりません。

　拙い記憶を頼りに思い起こすだけで、こんなに揉め事が思い出されます。
　他には、1987年に、土地を持っていた親戚が亡くなった際は、ちょうどバブル経済で土地が高騰していた時期でもあったので、その土地の売却代金で揉めたこともあります。
　その土地は、いわゆる「囲繞地（いにょうち／他の土地に囲まれて公道に通じない土地）」であったため、土地の広さの割には資産価値は高くありませんでした。しかし、事情を知らない相続人の中には、説明しても、「そんなに安いはずはない！」と怒り出す人もいました。また、相続には無関係の遠縁の親戚が「たんまり貰ったんだろ」と、電話で借金を申し込んできたりしたこともあります。

　実は、私が自ら経験したこれらの揉め事と、その他、相続をめぐって予想される様々な紛争の大半は、「きちんとした書面を書き残しておくこと」で予防することができます。
　その書面の内容は二つに分けられます。ひとつは、「遺言書」という、法律上の形式に則った書面で、もうひとつは、遺言書ではサポートできないことに対応するために作成する「エンディングノート」と呼ばれるものです。

「遺言書」と「遺書」は似て非なるもの

　「遺言書」と「遺書」は、同じような字面であるため、しばしば混同されることがあります。
　「遺言」は、民法960条に基づいたもので、一定の要件を満たし、一定の方式に従った書面でなければならず、死後の法律関係を定めるための最終の意思表示とされています。したがって、その様式に従っていない遺言書は無効となります。

一方で、「遺書」は、残される家族・友人・知人などに送るメッセージである場合が多く、本人がいくら遺書のつもりで作成しても、遺言として認められる法律的な要件が整っていない場合、単なる「手紙」でしかありません。
　本書で取り上げている「エンディングノート」とは、「遺言」の機能が拡大したものと捉えています。

遺言書は難しくてお金がかかるから敬遠されがち

　テレビドラマや映画などで、資産家の父親が亡くなり、遺族が集まって、弁護士らしき人が遺言書を読み上げるシーンがあります。家庭裁判所で検認をするというシーンがないこと、そして何しろお金持ちということで、ああいうシーンで読み上げられる遺言は、公正証書遺言だと思われます。
　数億円とか数十億円単位の相続財産を持っていて、現金の他、不動産・証券・美術品・宝飾品などがある場合は、わずかな数え間違いが数億円単位の争いになる可能性を秘めているため、きちんとカウントしなければなりません。そんな事情から、大金持ちの遺言書は、たいていは弁護士がサポートして作成し、公証役場という役所にいる「公証人」が作成する「公正証書遺言」であることが多いのです。
　多額の相続財産についての遺言書を作成するとなると、手間も責任もかかるため、記載する財産に応じて遺言書の作成報酬は高額になります。例えば、数十億円単位の相続財産であれば、たった1通の作成だけでも、数百万円単位の報酬が必要です。
　仮に相続財産が1千万円の現金だけだったとしても、弁護士と公証役場にかかる費用は、ざっと50万円くらいはかかるであろうと思われます。
　もし、あなたが有している財産が1千万円くらいで、遺言書作成費用が50万円と言われると、ちょっと高すぎると感じてしまう人もいるのではないでしょうか。
　そして相続財産が300万円くらいの人なら、遺言などにお金をかけたくないと思う人も多いと思います。
　確かに、300万円くらいの財産で弁護士センセイを依頼するなんて気が引けるし、家族に聞いたら「それくらいの金で揉めたりしないよ」とからかわれてしま

いそうな金額です。

　そんな事情から、近年になって、遺言書代わりにエンディングノートを作成する人が増えています。エンディングノートの「エンディング」とは、「ending」のことで、つまり、結末や終焉と訳されています。

遺言書よりもエンディングノートが優れている場合

　すでに述べた通り、エンディングノートは、遺言と違って法律的な意思表示ではありません。遺言書が故人の「命令」くらいに効力のあるものだとすれば、エンディングノートは家族や遺族への「依頼」や「リクエスト」といった程度のものです。

　しかし、遺言そのものよりもエンディングノートが尊ばれるのは、その用途の広さです。

　遺言書というのは、本人の死後に有効になる文書ですから、通常、生きている間は見ることができません。だから、認知症の症状が重くなってしまった時の暮らし方（老人ホームへ入所するとしたら、自宅に近いところか、息子や娘の家のそばか等）や、意識不明になった時の対処法（延命措置の有無やその方法）などは、エンディングノートに記載しておかないと、いざという時に家族やケースワーカーがそれを見て、判断の材料とすることができません。

　また、遺言書は普通、葬儀が終わって落ち着いてから開封するものですので、遺言書に葬儀に関する希望を述べてあったとしても、それは叶えられません。しかし、エンディングノートは、厳封するものではなく、近親者がいつでも見られることを前提に書かれているので、葬儀の予算や規模、宗教・宗派、お願いしたい葬祭業者、参列して欲しい人、納骨して欲しい墓の情報など、実際に叶えられるかどうかはともかく、明確に希望を伝えることができるのです。

エンディングノートよりも遺言書が優れている場合

　エンディングノートと違い、遺言は書かれた内容を必ず実現させることが原則です。

故人に１億円の現金があって、「相続人である息子Ａに３千万円、娘Ｂにも３千万円を相続させ、残りの４千万円を世話になった友人Ｃさんに贈る（遺贈）」と書かれていた場合、もしこれがエンディングノートに書かれていたら、いくら故人の依頼・リクエストであったとしても、いくらＣさんが要求しても、息子と娘が拒否すれば認められません。遺言としての形式が整っていないからです。
　同様の内容が、遺言書としての様式を満たした書面で存在した場合、つまり文書が遺言であることが明示してあり、遺言の内容・作成年月日・遺言者の氏名が全て自筆で記載され、かつ押印があれば、自筆証書遺言として効力を有します。
　もっとも、息子Ａと娘Ｂが、故人の友人Ｃの存在や世話になったことを知っていて、エンディングノートに書かれた内容を実現してやるのが供養だと納得して財産の一部を分けるのであれば、遺言であろうとエンディングノートであろうと、結論は同じになります。
　また、身分行為（夫婦間の子ではない子を認知する等）については、エンディングノートでは無効ですので、必ず遺言書の形式に則ったものを作成しなければなりません。

年金受給者になった時が適齢期

　日本人の平均寿命は男性が79歳、女性が86歳といわれています。かつては還暦が遺言やエンディングノートの作成を考える節目だったと思いますが、国民年金の老齢基礎年金の支給開始年齢が65歳になったという事情もふまえると、「年金受給者になった時がエンディングノート執筆開始適齢期」なのではないでしょうか。

エンディングノートには様々なものがある

　書店やインターネットで「エンディングノート」を探してみると、実に様々な種類のものが売られています。
　最も有名なものは、文具メーカーのコクヨが発売しているコクヨ『エンディングノート‐もしもの時に役立つノート』（B5-LES-E101）です。エンディングノー

トといえば、コクヨのものは定番中の定番ですので、エンディングノートコーナーで容易に見つけることができると思います。

コクヨのエンディングノートは、これから死を迎えるにあたって、家族に必要な情報を記載できるよう、過不足のない情報を書けるよう、記入欄が網羅されています。

また、もともとノートのメーカーですから、書きやすく、劣化もしにくい紙を使用していることから、好まれています。

次に、遺言や相続・成年後見制度を専門とする行政書士が作成したエンディングノートを紹介します。これは、遺言書の作成依頼を受けた顧客に配布している、自作のエンディングノートで、ワープロでプリントアウトしたものを簡易製本しただけのシンプルなものですが、既存のエンディングノートの項目に加え、オリジナルの設問や必要な情報が記載されています。

営業ツールでもあり、顧客満足度を高めるサービスとして、面白い試みです。

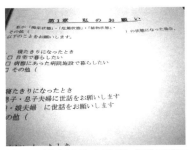

協力：松久法務事務所（愛知県江南市）

Amazonなどのネット書店で売り上げ上位を誇っているエンディングノートを購入してみると、特徴的なエンディングノートを発見することができます。
　ひすいこたろう『あした死んでも後悔しないためのノート』（ディスカヴァー・トゥエンティワン）は、文庫本と見間違うくらいのコンパクトなノートですが、コクヨのものとは違って、自分の考え方、生きざまを記載するノートといえます。

どちらかといえば、遺書を書くことによって「元気になろうぜ」というメッセージを受け取る感じです。

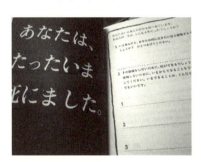

　そして集英社の『未来に残すエンディングノート』は、「アルバム」や「日記帳」のように、故人の生活や考え方をアーティスティックに彩るというイメージのノートです。
　色鉛筆やマーカー、思い出の写真などを貼り付けたりして、自分で作る「自分記念館」、「自分歴史館」という印象でした。

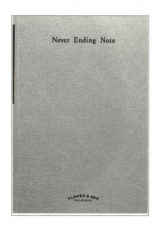

こうして、いくつかのエンディングノートを見比べてみて分かることは、どのノートも、本人が亡くなったり、正常な判断が困難になったりした時、「関係者が適切に対応できるような情報」を記入するページと、故人となった時に「遺族・友人・知人にメッセージを贈るための情報」を記入するページがあるということです。その記入を手助けするための設問の有無、アーティスティックに飾ることを前提にしているか否かなどの違いはあるものの、基本的には大きく変わりません。「似たりよったり」と言ってしまえばそれまでですが、私はいくつものエンディングノートを買い、実際に記入してみたりして、一つの疑問にたどり着きました。

巷に出回っているエンディングノートは本当に書きやすいのか

　エンディングノートを書こうとする人は、その大半は高齢者であって、若くても50歳代の人たちではないかと思います。私は現在44歳ですが、同年代でエンディングノートや遺言を書いているなんて人に会ったことがありません。唯一、この私が、海外旅行をするたびに、簡単な遺言書と海外旅行傷害保険の加入者控えを家族に託すくらいで、同世代で遺言書のことを理解できる人などいません。

　さて、さきほど私が掲げた「エンディングノート執筆開始適齢期」とした年金受給年齢の人といえば、老眼が進んでしまっているとか、細かい作業が大変とか、長時間に渡って多くの字を書くのがつらい人が多いのではないでしょうか。

　エンディングノートを買ってはみたものの、名前と住所などを書いた以外は、面倒くさくてほとんど記入できなかったという話もよく聞きます。

　エンディングノートは、あくまで、「立つ鳥跡を濁さず」を実現するための、自分の死後の無駄な出費を抑え、家族や遺族に混乱を残さないためのアイテムなのですから、みなさん自身が「書くのが苦しい」と思ってしまうようではいけません。

　また、遺族が空欄だらけのエンディングノートを見つけて、「これは本当に母さんの意思なのだろうか」と疑問に思ってしまうようなのもよくありません。書くなら書くで、必要なことはきちんと網羅して、空欄は減らすべきです。

　そこで、本書では「正確で」、「合理的に」、「なるべく簡単に書ける」ということをキーワードに工夫してみました。本書が「エンディングノート」そのものではなく、「エンディングノート入門」となっているのは、そういう理由です。

第2章

ひとりの死にかかる
お金・手続き・人間模様

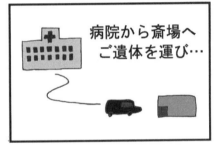

人が亡くなると…

エンディングノートそのものを語る前に、まず、人がひとり亡くなった場合、どういう手続きが必要になるのか、どれくらいのお金がかかるのか、ごく一般的な例を示してみます。例えば高齢の母親が入院していて、その息子のあなたが病院で死に際に立ち会ったとします。そして一般的な病院で、ごくありふれた病気で臨終の時を迎えたとします。

臨終から火葬まで

「ご臨終です」

医師からこの言葉が告げられたあと、あなたは母親を送り出す役割を負うことになります。近親者が複数いる場合もあるかもしれませんが、ここではあなたひとりが全て行うこととします。

病室では看護師による「エンゼルケア」と呼ばれる、ご遺体の処置が始まります。

死に化粧が施され、ベッドの上のお母さんと、しばらくお別れの時を過ごします。ついさっきまで生きていたので、まだ体は温かく、今にも生き返ってきそうな感じすらします。

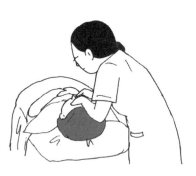

そんな折に、こう告げられます。

「病室をあけなければならないので、霊安室にお連れします」

いつまでもそこに遺体があると、病室が使えなくなりますから、適当な時間が過ぎたところで、お母さんの遺体を、ベッドから霊安室に移動させることになります。

遺体を移動させるため、職員がやってきて、重たくなった遺体を霊安室に安置します。一息ついたところで、移動してくれたその職員の方が、こう言います。

「この後は弊社で執り行わせていただきますが、よろしいでしょうか」

ついさっき、母が亡くなったばかりで、いったい何のことを聞かれているか、あなたは理解ができません。だけど、最期を看取った病院で、母の遺体を運んでくれた親切そうな職員の人が聞いてきたので、とりあえず首を縦にふります。

ふだん、私たちは人の死に立ち会うことはめったにありません。だから、「この後は」と言われても、それが何の手続きなのかは分かりませんが、病院の人が言う言葉なので、そのままお任せしなきゃいけないものと思い、言うことを聞いてしまいます。

でも、そんなものです。他のみんなもお願いするだろうからと、その職員の方の言うことを聞くのが無難です。だから、よく分からないまま、「お願いします」と言ってしまいました。この瞬間、葬儀の責任者、つまり喪主はあなたになるのです。

「それではこういう感じで進めさせていただきますが…」

死後の手続きをお任せしたはずの病院の人は、職員だと思っていたのですが、よくよく聞けば、実は病院に出入りしている葬祭業者さんでした。

少し不審に思いながらもその人の説明を聞くと、お母さんの死後に関わる大半の作業を手伝ってくれて、葬儀も納骨もすべて終わらせてくれるといいます。そして、説明をしながら、そっと価格表を提示します。

「だいたいみなさんはこのような葬祭を希望されます」

価格表を見ると、いくつもの段階に分かれていて、価格表の中の最高にゴージャスなものは500万円、最も安いものは100万円でした。

大切な母が亡くなったのだから、本当は500万円の葬儀をしたいところだけれど、そんなに大きな金額は無理。そもそも葬儀に呼ぶ人なんて、さほど多くありません。近親者ばかり10人くらいだから、得られる香典もあまり期待できま

せん。だからといって、一番安い100万円の葬儀では、親に対する感謝が足りないと親戚に言われそうです。担当の人に相談すると、「多くのみなさんはこのような葬祭を希望されます」と言い、価格表の下から2番目にある、200万円のプランを指さします。

200万円という金額は大きいけれど、母親が生前、「私の死後の諸経費のために500万円ほど残している」と言っていたのを思い出しました。そしてこれが相場だというのなら、無難にこれでいいやと思い、病院の待合室で申込書に署名してしまいました。

「お母様を安心してお送りするため、このようなことを追加でいかがでしょうか」
　葬祭業者さんは全ての作業・手続きを200万円で行いますと説明してくれたはずですが、祭壇を少し立派にすることと、参列者への飲食接待費を少し豪華にすることを勧められました。
　そして初七日などについても別料金だということを、後から告げられます。追加料金は50万円ですが、葬式でモメたりするのは嫌なので、50万円を追加で払う申込書にも署名してしまいます。

「お布施をご用意ください」
　シンプルなお葬式を頼んだため、ごく普通の仏式で通夜と葬儀が行われます。
　葬祭業者さんへの支払いは葬儀が済んだ後でよいことになっていますが、お坊さんには別にお布施を払わなければならないと告げられます。
　お坊さんへのお布施はいくらなのかと聞いても、「それはあくまでもお気持ちです」としか言われないのですが、変に安すぎたりするのも嫌なので、葬祭業者さんへ改めて聞くと「戒名の字数を少なくしてもらったので、だいたいこのレベ

ルでは20万円くらいが無難ですかね」と言われました。

　手持ちの現金では足りなかったので、自宅で喪服に着替えた後、コンビニのATMで自分の口座からお金を下ろし、ついでにお布施用の袋を買って、お坊さんに手渡しました。

「口座が凍結されています」

　指定された斎場では一連の準備が整っていて、通夜と葬儀が終わり、火葬場へ向かいます。最後に斎場の担当者があなたのもとにやってきて、葬儀費用の支払いを求めます。

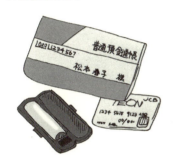

　この葬儀はざっと250万円でした。

　あなたは、お母さんの通帳と印鑑、そしてキャッシュカードを預かっていたので、銀行で下ろしてくると告げると、葬祭業者さんが気まずそうな顔をしています。なぜそんな顔をするのかは分からないまま、銀行へ行ってお金を下ろそうとすると、なぜかATMが使えません。金額が大きいからかと思って窓口へ行ってお金を引き出そうとすると、行員さんから口座が凍結されていると告げられます。

　そう、人が死ぬと、なぜかその情報はいち早く金融機関に知らされることがあって、口座が凍結（お金が引き出せない状態）されてしまうことがあるのです。そうなると、相続の手続きなどを行ってからでないと、お母さんのお金は使えないのです。だからそれを予期していた葬祭業者さんは、気まずい顔をしていたのです。

　それでも250万円くらいなら、細々と貯めてきたあなた個人の定期預金を担保にして、銀行からお金を借りることができたので、何とか葬祭業者さんに支払いを済ませました。

「四十九日法要と納骨も手配すべきかと思いますが…」

　葬儀が終わり、手元にはお骨、位牌、遺影が残ります。葬祭関係に270万円を使ったものの、親戚のみなさんからお香典をいただけたので、20万円ほど入りました。

　さて、母の口座からどうやってお金を引き出すのか、弟や妹たちと遺産を分ける話もしなきゃいけない。そんなことを考えていた矢先、お世話になった葬祭業者さんから「四十九日法要と墓地の手配もどうですか」という電話がありました。

　そういえば、そんなものもあったし、いつまでもお骨を手元に置いておく訳にはいきません。どうすればいいのでしょうか。

　まだまだ考えるべきことはありますが、葬儀が終わってホッとしたせいか、ここでようやく一つのことに思いが至ります。
「そもそもこの葬儀に使ったお金は適正価格だったのか」ということです。
　自分にとって母は大切な存在だったけれど、葬儀に来た親戚も少なかったし、華美な演出も、今となっては不要だったように思います。
　母の遺産はざっと500万円だったけど、その半分を使ってしまう葬儀というのは、どうだったのでしょう。
　インターネットで調べてみると、わずか20万円くらいでやってくれる葬儀もあると書いてあるし、葬儀に使う平均額は200万円くらいで、お布施などを含めても250万円という情報もあります。家族葬ならお坊さんが来ないのだから、お布施は要らないということにも気づきます。
　節約した葬儀を行っていれば、弟や妹と分け合う遺産も多かったはずです。でも、だからといって、あまりにも貧弱な葬儀だと、親戚に嫌味を言われそうです。
　そんな矢先に、業者さんから、四十九日法要と納骨に関する電話があったのです。
　四十九日法要は、絶対にやるべきなのか。また、法要をやらないとしても、お骨をいつまでも自宅に置いておくというのもどうかと思います。我が家は分家だから本家の墓地に納骨させてもらえるかどうかという問題もあるし、お葬式は葬祭業者さんが手配したお坊さんに頼んでしまったので、ふだん全く付き合いのない本家のお寺さんに納骨をお願いできるのかどうかも分かりません。
　何よりも今後、何に対してどれだけの出費があるのか、ものすごく不安です。
　とりあえず、墓地や納骨に関しては大急ぎで行う必要はないため、遺品や遺産

を整理してみて、どれだけのお金が残るのか、ある程度、把握できてから検討することにしました。

これから始まるさまざまな手続き

　葬儀そのものは葬祭業者さんがやってくれたので、自分は必要に応じ、指示された通りに動いていただけでした。

　病院と関係しているだけあって、死亡診断書や埋葬許可など、遺体をお骨にするまでの手続きは業者さんが完璧にやってくれました。

　しかし、これからいろいろとやっかいなことがあります。

　母は自分の銀行口座に500万円ほどの預金を持っていました。しかし、死亡したことが銀行に伝わると、銀行口座が凍結されて、自由にお金が使えなくなってしまいます。こうした口座からお金を引き出すには、煩雑な手続きが必要です。

　また、母は生前、友達の外交員にお願いされて、いくつかの生命保険に加入していたようです。それと、毎月の収入は国民年金を受給していたはずです。特に資産運用などを行っていた訳ではないので、金融機関にある資産はこれくらいでしょう。

　母が住んでいたアパートは借家だったけれど、敷金を2ヶ月くらい納めていたと聞いたことがあります。そういえば、遺品の整理もしなければいけません。

　母は、固定電話、携帯電話、それに、何枚かクレジットカードも持っていたはず。それらに加えて長期契約した新聞の契約、水道、電気、ガス、NHKの受信料などの公共料金について、きちんと解約しなければ、クレジットカードや銀行口座からお金が引き落とされたり、請求書が来たり、予期せぬ余計な支払いがかさんでしまいます。

　母が生前乗っていた原付バイクの処分と登録の抹消手続き、自賠責や任意保険の解約も必要です。

　そして、母の家の遺品を整理していると、なんと「遺言書」と書かれた封筒も出てきました。確かテレビに出ていた弁護士さんが、「遺言書は勝手に開封する

と罰せられるので、裁判所に持っていかなきゃいけない」と、言っていたのを覚えてはいるけれど、裁判所なんて、一度も行ったことのない人にとっては、警察よりも恐ろしいところだったりします。これはどうすればいいのでしょうか。

　昔は町内会や近所づきあいが濃密であったり、親戚も多かったので、この手の手続きに詳しい人がひとりふたりは必ずいたりしたものです。ふだんはお節介だと思っていたおばちゃんが、こうした非常事態には気を回し、おばちゃんの顔見知りのお坊さんに話をつけてくれて、ほんの数万円の予算で、お経を上げてもらえたなど、助け合いがなされていた地域もあったようです。
　しかし、核家族化が進み、個人のプライバシーにあまり立ち入らなくなった現代社会では、何をするにも個人情報の問題がからみます。まして、葬儀を行うとなると、宗教も関わってきます。仮に同じ「仏教」だとしても、宗派はさまざまですし、新興宗教には関わりたくない人もいるなど、そんな事情もあって、不用意に周囲に相談するというわけにもいきません。
　ただ、分かっていることは、喪主であるとともに相続人で、かつ兄弟の中で年長者のあなたが主体的に動かねばならないということであります。
　いろんな手続きは電話で伝えればいいのか、書面などで郵送すべきものなのか、それとも役所に出向かなければならないものか、まずは電話で問い合わせなければなりません。でも、その問い合わせに、手続きに詳しいオペレーターが出てくれるとは限りません。公共料金関係をストップさせることはよくあっても、新聞販売店と長期の契約をしていた場合、解約をしぶられることもあるでしょうし、携帯電話などは解約のタイミングを間違えると、1万円単位で違約金のようなお金を請求されることもあります。
　それでも、本人が死亡している以上、原則としてすべてにおいてあなたが手続きをしなければならないのです。

霊園の確保と納骨

　葬儀を担当してくれた業者さんが、「早くお墓を確保して、納骨は四十九日までに済ませた方がいい」と言っていたのが気になりました。
　別にあなたは仏教を信仰していた訳ではなく、人並みのお葬式を頼んだら、お坊さんがやってきた程度の関係しかありません。父親が亡くなった時は、父の実家の墓に入れてもらったのですが、その父の実家とも疎遠になってしまった関係

もあって、母の墓は特に用意しておりません。

いろいろ調べると、法的には特にこれといった方式が定められている訳ではないようです。それなら、お骨を自宅に保存してもいいし、粉砕して海に散骨するという方法もあります。しかし、お墓を購入して、墓石を立てて、お坊さんを呼んで納骨するのが普通だというような説明を聞いてしまうと、どうしていいのか迷います。

業者のパンフレットを見ると、ある公営の霊園であれば、墓地使用料・石碑・花立・基本彫刻費・工事代を含んで100万円も払えば全て収まり、あとは年に1万円程度の管理費を払えばよいと書いてありました。

100万円である程度のことが済むのであれば、もうこれでもいいかと思ったのですが、母の実家の方から、お墓に入れてもよいという連絡が来たので、その言葉に甘えました。母の実家では、付き合いのあるお坊さんが来てくれて、お布施に10万円を包み、納骨にかかる費用も10万円。そしてお礼や管理料の一部を負担する意味を込めて、10万円を母の親戚に渡し、無事に納骨を終えました。

30万円で納骨の問題は片づきました。

故人の遺品の整理、片付けと敷金

一度でも身内の不幸に関わった方であれば、故人の遺品が思いのほか多いことに驚かれたと思います。

そして、その遺品の多くが、たいていはガラクタで、換金性も低く、処分に手間がかかるわりに、メリットが少ないものです。

例えば、それまで使っていた高級なテレビや冷蔵庫、洗濯機などでも、リサイクルショップに持って行くとほとんど無価値です。無価値どころか、廃棄するための手数料を要求されることすらあります。

その一方で、ブランド品の時計やバッグ、金やプラチナの含有量の多い貴金属は、意外と高い金額で買い取ってもらえる可能性があったりもします。

また、絵画や書籍などについては、価値がよく分からないものが多いので、どうやって整理・処分するのが妥

当なのかが分かりません。無名の画家が描いた油絵で、金銭的な価値はゼロだったとしても、近所の知り合いのおばさんが気に入っていたようなので、貰ってくれるのなら、差し上げようかと考えています。

遺品整理を始めて、思い出の品や写真や手紙などは当分の間保存しておくとしても、価値のよく分からない花瓶や掛け軸などが出てきた場合はどうすればいいのでしょうか。10年くらい前の古本なら二束三文だけど、状態の良い昭和初期の書籍とか、古文書や古美術品については、鑑定してみたらすごい値のつくものがあるかもしれません。

誰が見ても価値の高い物は、誰もが欲しがるし、売却しやすいから売って分けてもいい。

だけど、売れるようなものなのか、捨てたほうがいいのかなど、悩む物も多いと思います。インターネットの好きな方ならば、「ヤフオクで売りに出したら、10万円くらいになるかもしれない」と考えるかもしれません。もちろん、そういうすごい掘り出し物がある可能性もあります。

だけど、人の家1軒分のガラクタをきちんと整理してインターネットやフリーマーケットなどで売り切るなんてことは、ものすごく大変です。

結局、不用品買い取り業者さんに来てもらったところ、買い取れる物と処分にかかる費用が同じくらいだったので、全部片付けてもらうことを条件に、買い取り費用と処分費用を相殺し、互いに無料ということで終わりました。

また、借りていたアパートについては、敷金を2ヶ月分納めていました。もちろん、この敷金は返還してもらえるお金ですが、母が亡くなってから退去するまでの1ヶ月近くは家賃を払わなかったため、その家賃に充当してもらいました。また、葬儀の関係で大家さんにいろいろ迷惑をかけてしまったことや大家さんにお香典をいただいてしまったこともあって、残りの1ヶ月分についても請求しにくくなってしまったので、敷金は放棄してきました。

そして遺産の分割協議

お葬式のごたごたのときに、あなたは「遺言書」と書かれた封筒を見つけました。もちろん、勝手に開封してはいけないと聞いていたので、そのまま大切に保管しておきました。

遺品整理もそれなりに済んだところで、いよいよ遺産をどうやって相続するか、弟や妹と話し合いです。

母の遺産は少しだけど、遺族にとってはまとまった金額が入ってくるかもしれません。
　家庭裁判所で開封してもらい、検認手続きを受けようとしたら、こんな文章がありました。
　「遺言書。私の人生は、決して順風満帆という訳ではなかった。貧乏だったし、つらいこともあった。だけど、お父さんと出会って、苦しい中で、お前たち三人を産んだ。お父さんは頑張って働いてくれたし、みんなもよく頑張ってくれたよね。今考えてみると、とっても幸せだったと思う。みんな、ありがとう。私にとっての財産は、あなたたちみんなです。だから、みんなに遺すほどのお金はないけれど、質素なお葬式をやってください。残ったお金は、きょうだいみんなで話し合って、仲良く分けてください。母」

　これはいわゆる自筆証書遺言の形式が整っていて、日付も署名も押印もありました。だから形式上は紛れもなく遺言書でした。
　しかし内容的には何ら法的な効力を持つものではありません。それどころか素晴らしい文章を書いたつもりが、争いの火種になる言葉が入っていました。
　この文面の通り、本当に兄弟みんなで話し合って、仲良く分けることができれば構わないのですが、悪くするとこの文面では、非常にややこしい問題に発展します。
　読んで字の如く「言葉を遺す」という機能を指すのであれば、このメッセージは十分に「遺言」です。しかし、葬式が終わった後に開封するはずの書類に「質素なものをやってくれ」と書き、残ったお金は兄弟で「話し合え」と書くのであれば、本質的な機能を失った遺言書となります。
　あれやこれや計算してみると500万円の現金が残り、母親が掛けていた生命保険などが合わせて100万円、健康保険から葬儀費用・埋葬費用として10万円ほどが下り、いただいた香典などは20万円でした。それに対して、葬儀費用は250万円、お坊さんのお布施が20万円、納骨にかかった費用は30万円と、合計

300万円ほどかかりました。特に借金などはなかったし、怪しげな連帯保証もなかったので、差し引き300万円が相続対象の財産となります。

さて、ここで遺産を分割するための協議です。

法定の相続割合であれば、これを兄・弟・妹の3人で分けると、単純に3で割るので、1人当たり100万円ほどといったところです。

しかし、遺言書には「みんなで話し合え」と書いてありました。

今回の葬儀は長男であるあなたが、大功労者です。母親が病気になって、最期を看取ったのはあなたです。葬儀に関する手間をかけて、悩みながら業者さんと交渉し、いろんな手続きを行いました。何とか墓を確保し、納骨にかかる費用を格段に安く抑えたのもあなたです。だから、あなたは自分に150万円、弟と妹に75万円ずつを分けたいと主張しました。

でも、弟も黙っていません。なにしろ、長男はきょうだいの中で唯一、大学に通わせてもらったのです。兄は大学の4年間の学費としてざっと500万円くらい使ったし、その4年間の生活費は全て親からの出費でした。弟は工業高校を卒業し、地元の中小企業へ就職しました。兄よりも格段に少ない学費で、18歳で就職したのだから、家族の中で最も得をしたのは兄だと思ったのでした。誰よりも親に出費をさせていないのだから、自分が150万円、兄と妹が75万円であるべきだと主張します。

そして妹も言います。母が体調を崩し、入院するまでの半年間は、ほぼ毎日母のところにやってきて、看病したり、炊事・洗濯などの生活をサポートしたりしていました。そのために、週に5日ほど働いていたパートの仕事を週2日に減らし、この半年間の収入は3〜40万円以上減ってしまいました。また、夫や子どもとの生活がかなり犠牲になりましたので、自分が150万円、兄と弟が75万円と主張しました。

これらの主張を整理してみましょう。

法定の相続割合でいえば100万円ずつ分け合えばよいだけの話です。しかし、最初に長男が自らを功労者なのだから150万円貰う権利があると主張したところから、話がおかしくなってきます。遺言書には「質素なお葬式をやってくれ」と書いてあり、節約しようとすれば家族葬を選び30万円で済ませることもできたと弟と妹が主張してきます。200万円以上も余分な出費をしておいて、兄が功労者なんてありえません。

功労者として認められた場合の150万円と、その他の75万円では、倍の開きがあります。普通に稼いでいる人であれば、数十万円の差がついたところで、憎しみ合うこともありませんが、子どもの教育費や住宅ローンの返済が重くのしかかっている時とか、それぞれの配偶者（妻や夫）が「あなたはもっと貰う権利があるのよ！」なんて口出ししてきたら、もう目も当てられないくらいの骨肉の争いが待っています。

　もし、今回のような遺言書が存在していなければ、これは法律にしたがって、きっちり100万円ずつ分け合うことになります。しかし、ややこしいことに「きょうだいみんなで話し合って」という条件が付いているから、それを真に受けて話し合ってしまったのです。

　母親が死に、葬儀や納骨を済ませ、やっと落ち着こうとしているところで、金額の多い少ないでもめてしまっています。

　そして本件のような場合、家庭裁判所で調停することになった場合はどう判断されるか。それは、この相続人のうち、誰かに特に大きな貢献がない限り、法定の相続割合で分け合うことになります。つまり、300万円を3人で分け合うのですから、きっちり100万円ずつです。

　※この事例は、私が取材してお聞きした、数人の体験談をもとに、よくありそうな話とともに、皆さんが抱きそうな疑問をまとめてみました。したがって、本件は事実を組み合わせた架空のケースであります。

エンディングノートがあるだけで遺族の負担はかなり減る

　実際に見てみると分かるのですが、たいていのエンディングノートでは、「葬儀をどうするか」について、十分なスペースが用意されています。葬儀の手配は、親族が亡くなった直後の、冷静な判断ができない状況でスタートします。ですから、場の雰囲気に飲み込まれ、必要以上のプランを契約して後悔したり、金銭トラブルを招いたりしがちです。

　逆にいえば、葬祭業者さんは、その冷静な判断ができない時に、遺族になるべく高いプランを選択させ、会社の売り上げに貢献したいと思っているものですから、多くの利益が得られるプランを熱心に勧めてくるでしょう。

もちろん、病院と提携している葬祭業者さんは、病院からの呼び出しにはすぐに応じなければならない体制を整えていますから、人件費などのコストも必要で、それなりに支払ってあげたいところです。
　しかし、必要以上に費用をかけてしまったがために、遺族の生活を圧迫することは、決して故人も望んでいないはずです。
　この、葬祭業者さんと遺族側の事情がなかなかかみ合わず、葬儀を終えてから消費者センターに苦情を言うというケースも多々あるようです。
　こんな時、エンディングノートにきっちりと葬儀内容についてのリクエストが書かれていたらどうでしょう。
　葬祭業者さんが仮に、「各種費用込みで350万円くらいのものが一般的ですから、お母様を安心して送ることができますよ」と言ってきても、「母のエンディングノートに仏式で戒名不要、予算はお布施を含めて100万円と書いてありますので、この予算内で収まるようにしたい」と交渉することができるのです。
　故人の、葬祭に関する明確なメッセージさえあれば、「故人があえて希望を出していますから、この範囲内でお願いしたい」、「それが無理なら他の業者さんにお願いするしかない」、「すでに別の業者さんを選んである」など、カドを立てずに断ることも可能です。
　それをふまえて、ご本人は、事前に安い業者さんを調べてエンディングノートに記入しておくというのが親切だと思います。
　とはいえ、きっかり「100万円以内」としていた予算も、状況に応じて120万円にした方が無難であるならそれでもいいし、参列者が多くなりそうならもっと豪華にすべきですし、それなりに余裕のある生活をされていたのなら、盛大にやっても構いません。
　つまり、エンディングノートの葬祭に関する事項は、遺族が業者さんとの交渉材料に使えるという、とてもすぐれたアイテムなのであります。
　そんな事情から、エンディングノートを作成する時には、自分の葬儀はどうやって欲しいのか、「なるべく安く」などと書かず、きっちりと希望予算まで明記しておくことが必要なのです。

格安の葬儀と癒しのある葬儀

　人がひとり亡くなる時に、いくら特別な出来事とはいっても、葬儀費用に200万円とか、300万円払うのはどうなのだろうかと、疑問に思うことがあります。いくら平均的な金額とはいっても、人の年収分くらいが飛んでしまう金額です。
　例えば結婚式。結婚そのものは、役所に婚姻届を1通出せばよいのですから、お金がかかりません。豪華な結婚式などは必要ありませんし、数人の親族とお披露目を兼ねた食事会でも行なえば、それで人前式の結婚式をしたことになります。
　それならばと、結婚そのものをお金をかけずに済ませることができるのと同様に、人の死に関する儀式も極限まで安くする方法はないかと考えてみました。
　まずはインターネットで検索してみると、火葬料別途で「5万円～」と表記する葬祭業者さんがいくつも出てきました。
　この金額が事実とすれば、病院からの搬送、火葬場の手配、お骨の引き渡しまでを消費税込み6万円以内でやってくれるということになります。もちろん、この金額では、お坊さんを呼ぶとか戒名などは期待できません。ひょっとしたら、アルバイトのお兄ちゃんが1人やってきて、やっつけ仕事のように遺体を搬送するだけではないかと心配になる人もいるかもしれません。そんな心配をしつつも、格安の費用でお願いする以上、あまり多くを望んではいけない気がします。

 ## 火葬そのものは1体1～3万円が相場

　さて、この金額に加え、さらに火葬料がかかるのですが、その火葬料とは実際のところ、いくらくらいなのでしょうか。
　火葬場（斎場）は、その設備の性格上、基本的に公営のところが多く、民間の火葬場は数えるほどしかありません。ただし、東京に関しては、江戸時代末期頃から、寺が運営していた火葬場があり、それが現在は株式会社化しているケースもあって、民間のところも多く存在します。
　火葬場もいろいろありますが、全国の公営火葬場を調べてみると、その多くが1体当たり1万～3万円くらいの範囲に収まり、2万5千円くらいが平均的なのではないかと思われました。つまり、先ほどの6万円の業者に依頼すると、火葬

料込みでも10万円以内で収まるという計算です。

さすがに自分たちで火葬場に遺体を持っていく方法などはないだろうなと考えていたら、二村祐輔『遺族のための葬儀法要相続供養』(池田書店)には、自分で搬送する方法なども掲載されていました。

この本によれば、ワンボックスカーやライトバンなど、遺体を横たえたまま運べる車であれば、自分で運んでもかまわないとあります。確かに遺体を運んではならない法律などはありませんが、同書には「なぜ遺体を運んでいるのか説明できるよう、死亡診断書は必ずもらっておく」という注意書きまでありました。

つまり、葬祭業者に依頼しなくても、自分たちで棺と骨壺を用意できるのなら、遺族たちだけで、手作りの葬儀ができるということになります。

ネット通販で棺・骨壺を買える時代

それでは、棺や骨壺をどうやって入手するのかと考えて、ふとインターネット通販大手のAmazonで検索してみたところ、棺は2万円程度、骨壺は4千円くらいで売っていました。すると、先程の6万円くらいの葬祭業者を依頼せずとも、2万5千円くらいでアイテムが揃うので、葬儀らしきことができるということになります。つまり、火葬料が2万5千円だとすれば、全て込みで5万円という計算になります。

さらに、火葬場についても格安の自治体があるのではないかと、インターネットで検索してみました。

私の出身の神奈川県川崎市にある、「かわさき南部斎苑」という斎場がヒットしたのですが、ここで火葬した場合、同市に在住する人が亡くなった場合に限って、火葬料が3千円とありました。川崎市外在住の人の場合は3万円です。

つまり、川崎市に住んでいる人が亡くなり、遺族たちがワンボックスカーで遺体を運ぶ手配などを自分でやろうとすれば、ネット通販で買ったアイテムと火葬費用だけで済むのですから、総予算でわずか3万円もあれば、亡くなってから故

人のお骨が手渡されるところまでできるということです。

かわさき南部斎苑／川崎市川崎区

　ただし、これはあくまで本当に格安のものを選んだらどうなるかという、究極の話であって、現実に露骨に安い業者を選んだり、本当に自分たちで葬儀の大半をまかなって簡略化させてしまえばよいというものでもないと思います。一見、合理的にも見えますが、総合的に考えると実はあまり良くないような気がします。あくまでも私の個人的な意見です。

葬儀には「癒し」の知恵が継承されている

　今までに、私が出席した葬儀は、その多くが仏式でした。どの人たちもそれなりの付き合いがあったので、どの葬儀も、つらい別れの気持ちを抱かなければなりません。葬儀に最初から最後まで付き合うとなると、その大半の時間は、お坊さんの読経を聞いて過ごすことになります。しかし、読経は退屈だったり、じっと聞いていることが苦痛であったりしますが、その退屈さと苦痛を感じているうちに、不思議と故人に対する別れのつらさや執着心のようなものが消えて、悲しさも和らぎ、すっきりとするのです。
　そしてお坊さんが遺族に行う説法、例えば「故人を想ってあげること、そして皆さんが明日から元気になられるのが最大の供養です」、「この葬儀を機に親戚が集まることで、親戚縁者がより親密になることを故人が望んでいます」なんてものがよくありますが、葬儀という状況下で、権威ある人が言ってくれることで、悲しみが和らぐことがあります。

僧侶の読経と説法、そして関係者が悲しみ、故人を見送るというこの一連のシステムは、実は遺族に対し、死別のストレスを緩和する、心理療法なのではないかと感じたこともあります。
　私の友人で音楽療法士の徳田幸絵氏（慶應義塾大学／日本音楽療法学会認定音楽療法士）によれば、お互いの出す声を聴いて、それに音程を合わせながら、美しいハーモニーをつくり出す音楽を「純正律音楽」といい、グレゴリオ唱歌、声明、そしてお経などがそれにあたり、高い癒し効果があるそうです。つまり、葬儀の際の読経も純正律音楽で、高い癒し効果があることから、読経も音楽療法の一種になるということでした。なお、読経の際に、実際脳波を測定した結果、題目を読んでいるときにα波が出たとの研究・エビデンスもあるそうです。
　その音楽療法に加え、僧侶・牧師・神主など、死後の世界について語る権威を有した人が遺族にアドバイスします。それで足りない場合は「超能力者」とか「霊媒師」と呼ばれる人が信頼されてしまうこともありますが、要するに、死後の世界に関わる専門家の意見を聞いて納得し、それで安心感を得ようとするのです。心理学的には「権威への服従原理」と呼ぶことがあるそうですが、こうした心理現象・効果が複合されたのが伝統的な「葬儀」なのではないかと思います。
　言うまでもなく、私たちにとって、大切な人が亡くなった時のストレスはとても大きなものです。それは人間だけでなく、愛犬などであっても同様のストレスがあり、大きな喪失感となって現れます。
　「葬儀」というものが死別ストレスを緩和するための古来の知恵で、遺族の精神的な負担を軽減・予防するための儀式だとすれば、この合理的なシステムは私たちの祖先が築いた文化であり、その文化は継承されるべきではないでしょうか。
　葬儀に対して払えるお金が少ない人は、格安のものを選択しても仕方がないとは思いますが、それなりに払えるお金がある人は、文化の継承だと思って、平均的な、あるいは無難なクラスの葬儀を選択し、付き合いのある僧侶や信頼できる葬祭業者に任せてしまうというのも、ひとつの選択だと思います。

第3章

エンディングノートを書こう

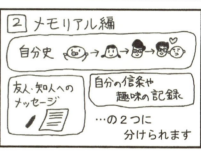

エンディングノートはドキュメント編とメモリアル編に分けられる

　エンディングノートは、あなたが認知症になったり、意識不明になったり、あるいは亡くなった時などに、「あなたの身辺整理をどのようにするか」について書くべきところと、「伝えておきたいメッセージ」を書くべきところがあります。
　前者は、「ご家族が迷わず動けるための情報」で、後者は、「あなたの生きた証と感謝」ということになります。
　本書では、前者の情報を書くノートを「ドキュメント編」と呼び、後者を「メモリアル編」と呼んでいます。
　本書を作成するにあたり、最優先に考えたのは、みなさんの遺族や相続人に、過度な負担をかけずに、多くのことをしてもらうということです。そのために、このドキュメント編とメモリアル編は分けて考えなければならないと思ったのです。
　このような視点で目にするエンディングノートを分類していくと、ドキュメント編に特化したコクヨのものと、ドキュメント編を記載するページも作りつつ、メモリアル編を充実させた他社のものに分かれると思います。

 ## エンディングノートは正確かつ合理的に、楽しんで作成すべきもの

　ドキュメント編とメモリアル編、どちらを主体にすべきかについて、悩む方は多いと思います。でも、それ以前に、もし私が実際に自分で作成するとしたら、どちらにしても、すごく気が重いと思うのです。なぜなら、ペンを握って、1冊のノートすべてに最初からひとつひとつ記入していくというのは、ものすごく大変な作業だと思うからです。
　また、フォーマットが細かく決まっているのも不便です。例えば、銀行口座を記入する欄があって、そこには5個の口座記入欄があったとします。だいたいの人は、せいぜい2～3の銀行口座しか持っていないものですが、10個くらい持っている人もいます。そんなとき、まめな人なら、追加分はメモ帳に書いて、セロテープで留めればいいと思うのかもしれませんが、私はその作業が面倒で嫌になります。
　また、メモリアル編として、自分の生き方、自分の生きてきた道筋、家族にメッ

セージを書く欄などがありますが、そんなページは２～３ページもあればいいという人もいれば、100ページくらい時間をかけて書きたいという人もいるはずです。

　私なら、あまりにも面倒なので、「そういうことのわかる専門家がいるなら、金を払うから、適当にインタビューして、あとは適当に書いてくれよ」と言います。それほど、人によっては面倒な作業なのです。

　そこで、「こんなズボラな私でも、こういうまとめ方なら、エンディングノートを作るくらいのことはできる」という視点で提案したのがこの第３章です。

 デジタルカメラとコンビニコピー機の活用法

合理的に記入するアイディア

　本書はエンディングノートの入門書ですから、本書を読まれたみなさんは、当然、「いろんな事柄をノートにメモしておく」という行動が必要になります。

　しかし、現実問題として、全ページ手書きというのは大変です。ふだん、ペンや鉛筆を使い慣れている人ならともかく、正確に書いたつもりが、うっかり転記ミスをしてしまったり、数字を多く書いたりなど、間違えてはいけない場面で間違えたりしてしまう人もいると思います。

　「しっかり書く」とか「他の人に確認してもらう」などの工夫もありますが、何度も確認するよりも、または他人の手をわずらわせるよりも、情報の正確さを求められる事項については、なるべくデジタル機器を使ってしまうということをお勧めしています。

　最近はパソコンやスマートホンの発達がすさまじく、あのオフィスソフトを使えばいいとか、ブログやSNSにアップしておくとか、このアプリを使ってクラウドに保存しておいて…という、すごいワザもありますが、20代の若者ならともかく、そんな最先端技術に手を付けることはなかなかできません。

　もし「デジタル機器を使ってエンディングノートを作成しよう」なんて考えると、まずはパソコンを用意しなければいけないし、若者が持ち歩いているスマートホンやタブレットを買って使い慣れるところから始めなければいけないような気がします。ただ、パソコンもスマートホン・タブレットも、あれば便利ですが、

しょせん電子機器です。今まで触れたことのない人がこれらの機器を使いこなすのは難しいし、これらのIT機器を使いこなしている人が突然亡くなった場合、パスワードやセキュリティの問題もあって、今度は遺族が確認することができません。そもそも遺族がパソコンを扱えないなんてこともあり、それに加えて壊れてしまうリスクを考えたら、「紙のノートに手書き」が一番であることは間違いありません。

ですから、私が本書で推奨するのは、「ノートに手書き」をサポートする手段として、デジタル機器を使いこなそうという話です。

だから、パソコンもスマートホンも不要。本書で述べている「デジタル機器」というのは、コンビニエンスストアにあるコピー機や、家電量販店なら1万円以下で買える、安価なデジタルカメラのことを指しています。

各種の重要書類をコピーして活用する

1. コンビニエンスストアへ行こう

この写真はセブンイレブンですが、ローソンでもファミリーマートでも構いません。

1枚10円くらいのコピー機が置いてあれば、どこでもよいでしょう。

基本的にはセルフサービスですが、操作方法が分からなければ、店内が混雑していない時間帯や、若い店員さんがいる時を狙っていくと、気軽にやり方を教えてくれるかもしれません。

2. 戸籍の附票をとれば都道府県をまたいだ転居も記録がとれる

エンディングノートには、かつて居住していた住所を書く欄があります。これは以前の住居が故人名義であるかもしれない時の重要な手がかりになります。相

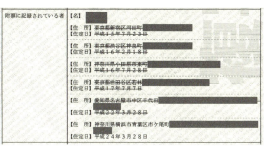

続に関連しなくても、居住した住所をリストアップするだけでも故人を思い出すきっかけになるかもしれません。

ほとんど引っ越しした経験のない人や、市内での転居の場合は、住民票を取得すればわかりますが、他の市町村や都道府県をまたぐ転居の場合、戸籍の附票を請求すれば一目瞭然です。

この画像は私の知人の附票ですが、過去10年間の居住地が記されています。新宿・渋谷・小田原・世田谷・名古屋・横浜を転々としていたことが分かります。

3. 預貯金の口座は通帳の表紙の裏面をコピーすれば銀行の連絡先もわかる

通常、本人が亡くなった場合、勝手に口座のお金を引き出されないよう、金融機関には死亡したことを届け出ます。普通は、メインで利用する口座は1つなので、故人の財布に入っているキャッシュカードなどを頼りに銀行を割り出し、連絡します。しかし、複数の口座を使い分けているケースもあるので、きちんとノートに記しておくべきです。

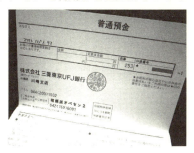

ただ、銀行名・支店名は合併や再編によって変わることがありますので、通帳の1ページ目をコピーすべきでしょう。

例えば、大手都市銀行では、「三井銀行」と書いたつもりが、達筆すぎて、遺族がかつての「三菱銀行」や「三和銀行」などと勘違いしてしまう場合も考えられます。

4. 公共料金などの金融機関引落しは請求書・領収証をコピーする

メインで使用している金融機関の預金通帳を見れば、いくらくらいのお金が、毎月いつ頃に引落しされているのかがわかります。

本人が死亡したことを伝えないと、こうした料金も基本料金がかかりますので、もう利用しない旨を連絡するか、あるいは遺品整理に必要な日数を計算して連絡

するか、いずれにしても連絡が必要です。

地元の水道局やガス会社などに電話をして名前・電話番号・住所から検索してもらって解約する方法もありますが、確実に情報を伝えるためには「お客様番号」を伝えることです。こうした「お客様番号」は、毎月検針した時などに投函される請求書や領収証の類の書類に記載されています。

この番号は、同じところに居住する以上、基本的に変わらないものですので、古い領収書でも同じ番号が使われるはずです。

別に税務申告するわけではない人の場合、こうした領収証は、捨ててしまう人も多いと思いますが、どうせ捨ててしまうのなら、そのままノートに貼り付けてしまえばコピーの手間も要りません。

東京電力の領収書

東京ガス

横浜市水道局

5. クレジットカードはカードそのものをコピーする

故人のクレジットカードを残しておくと、遺族の知らない間に年会費が請求されていたり、クレジットカード払いにしている料金（インターネットプロバイダ等）がそのまま引き落とされたり、カード番号を不正に入手した人が不正に物品を購入したりと、相続財産を減らす原因となってしまいます。

そこで、カード番号と運営会社名、連絡先をノートに記入しておくのが良いの

ですが、カードの番号は16桁と長くて間違いがちです。さらに、いろんな会社名・カード番号・電話番号などを転記していると、何枚か書いたところで誤記してしまいます。

　それならいっそのこと、クレジットカードを全部並べて、表面も裏面もコピーしてノートに貼っておけば、連絡先も明記されているので簡単です。

カードを並べ、表面をコピーし、その位置のまま裏返して裏面をコピーする

　また、カード会社によっては、海外旅行傷害保険が附帯されているもの、国内旅行の障害者保険が附帯されているものもあります。旅行中の病気やけがの治療費、死亡保険金などが請求できることもあるので、このようなカード会社の特約もメモしておくと便利です。

クレジットカードの裏面には連絡先が書いてある

6. 不動産リストは「固定資産税」等の課税明細書を使う

　エンディングノートの不動産の記入欄には、種類、用途、名義人、持ち分、所在地、登記内容、面積等々、書くべき事項がたくさんあります。

　それは遺言書などを作成する際に、相続財産をきちんと明記しないと、誰に何をどれだけ相続させるのかが明確にならず、後々になって問題化してしまうからです。

　自分の居住している住宅が、自分名義であり、その住宅のみが所有不動産である場合はあまり大きな問題には発展しませんが、複数の不動産を持っている場合は、ある程度正確に把握しておかないと混乱が生じます。例えば、本人の親が死

亡して親の土地の一部を相続していたことをすっかり忘れていて、「私の不動産は全て長男に相続させ、次男には1千万円を相続させる」なんて遺言書を作成してしまうと、著しく不公平になったりもします。

そこで、お勧めするのは、固定資産税などの納税通知書のコピーを保存しておくというものです。「私の不動産は今住んでいる家しかない」と勘違いしていた場合、自宅の登記簿謄本を請求しても、相続した別の不動産のことは書かれていません。

一方で、固定資産税などの納税通知書は、原則として名義人となっている所有者に送られる書類であり、自治体から年に一度、届けられる書類です。

納税通知書（横浜市）

この納税通知書に同封されている課税明細書には、具体的にどの不動産がどういう種類のものかということや、面積や評価額、かつ住所ではなくて「地番」まで明記されているため、これをコピーしておくと、遺族や遺言執行者となった人は、調査がとても楽になります。

課税明細書の記載例（宅地と居宅の他に雑種地が存在）

7. 家族一覧は戸籍謄本を用意する

例えばあなたが65歳で、かつて結婚はしたけれども、配偶者とは死別し、子どももいなかったとします。いわゆる独居の高齢者です。

するとエンディングノートに「家族一覧」の記入欄があっても、独り暮らしなのだから書かなくてもいいものだと勘違いしてしまいます。だから家族欄は空欄です。

本人が65歳なら、きっとご両親も亡くなっているだろうし、家族一覧に書かないということは、兄弟姉妹もいないのだろうと推測されますが、それはあくまで推測であって、85歳の両親が健在である場合もあれば、同居ではないから書

かなかっただけで、兄弟姉妹が存在している可能性もあります。

そこで、自分自身の戸籍謄本を請求し、ノートに貼り付けておけば、その書類をもとに親族を突き止めることが可能です。もちろん、それは死亡してから、遺言執行人や遺族が行えばいいので、今、わざわざ請求する必要はありませんが、通常、戸籍謄本には親の名前が書かれているので、遺族を探す手がかりとして請求しておくのは悪くありません。

ただし、戸籍謄本は悪用もできる重要な書類なので、役所から貰った謄本そのものは処分して、コピーを使うのが安全です。

8. 処方薬の記録は薬の説明書かお薬手帳をコピーする

これはまだあなたが生きている時に必要な情報です。

例えば認知症や突発的な事故で意識不明になったなど、正常な判断ができなくなった時に、医師が既往症や薬の服用歴をもとに治療方針を考える場合、このような資料が参考になります。

病名そのものは書かれていなくて

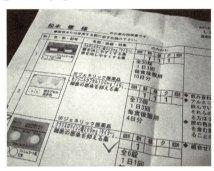

も、処方されている薬から、いつ頃、どのような病気にかかったのかを知ることや、常用している薬から既往症を推測できたりします。また、かかりつけの医者に問い合わせしたりするなど、適切な行動も取れます。

手書きで、きれいに「クラリスロマイシン錠200mg」と書いたつもりでも、似たような名前の薬と混同したために、医師が混乱することもあります。また、最近はジェネリック医薬品（効き目は同じで価格が安い）も多く、名前を聞いただけではピンとこないものも多数あります。

説明書やお薬手帳は、医師がこの書類を見て、「ああ、この薬を常用していたのか。つまりこの薬1回200mgまでなら、アレルギー症状は起きないな」など、推測して治療の参考にできるものです。命にかかわるだけに、薬の名前を正確に記してあるものをコピーして、ノートに貼っておくべきでしょう。

デジタルカメラで記録を残す

　エンディングノートは、すでに述べたように、「正確さが必要な情報は正確に残す」ことを目的に作成すべきです。そこで本書ではコピー機を多用する方法を提唱していますが、書類をコピーするだけよりも、デジタルカメラで手軽に撮影し、コンビニエンスストアのコピー機で簡単にプリントし、写真を残すことで情報を正確に記録する方法を説明します。

1. コンパクトデジタルカメラは1万円以下でも買える時代になった

❶「カメラは高いもの」という印象がありますが、近年の国内メーカーのカメラは、画質・強度・利便性など、実に優れた性能を持っています。

　例えばキヤノンの「IXY（イクシィ）」というシリーズは、家電量販店でも1万円を切る価格のものがあります。安くても高級品に決して引けをとりません。

❷昔のカメラでいう「フィルム」は、「メディア」と呼ばれるSDカードが主流になりました。

　画像のカードは16GB（1000円くらい）ですが、普通の写真を100枚撮影するくらいなら、2GBなどの容量の少ないものでも十分で、最近では数百円で売っているお店もあります。

❸例えば自動車。この自動車が私の所有物であると示すとき、「マツダのデミオ、白、○○年購入」と書くか、または「自動車検査証」のコピーをノートに貼り付ければ十分ですが、このようにナンバー部分も含めて撮影します。

4 バイクは後部にしかナンバーがありませんので、後ろから撮影します。

5 デジカメで撮影したものは、SDカードに保存され、モニターですぐに確認できますので、必要に応じて何度でも撮り直して構いません。

6 このマルチコピー機はセブンイレブンのものですが、写真をプリントできるものは、ローソンやファミリーマートなど、多くのコンビニエンスストアに置かれています。

7 写真をプリントするには、このコピー機のディスプレイ部分にある「デジカメプリント」を押します。

8 メディアは「SDカード」なので、これを押します。

9 コピー機の指示に従い、カメラから取り出した撮影データの入ったSDカードを挿入口に入れます。

10 ディスプレイに表示された、目当ての画像を押します。

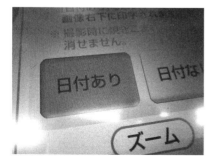

11 「日付あり」ボタンを押すと、カメラに内蔵された時計によって記録された撮影日が表示されます。

12 確認画面が現れて、金額を確認したらスタートボタンを押します。
1枚30円なので、2枚で60円です。

13 そして出来上がった写真が出てきます。

14 最後に、メディア（SDカード）を取り出すのを忘れてはいけません。

15 ここからSDカード抜いて、カメラに収納します。

16 そしてこれが出来上がった写真。きちんと日付も入っています。慣れれば5分もかかりません。かつてのフィルムカメラに比べれば、ものすごく早く、そして安くプリントできます。

　この事例では、自動車やバイクでした。自動車やバイクは必ず登録証があるので、必要になったらそれを持ってくれば良いのですが、普通、それらの書類は車のダッシュボードやバイクの小物入れに収納しておくものだったりするため、盗難にあってしまった時や誰かに貸している時など、車やバイクが手元に無い時には「ナンバーが見える写真」がとても便利です。

　この他、例えば絵画や骨董品など、素人がちょっと見ただけでは種類も価値も分からないものは写真を撮影し、エンディングノートに貼っておきましょう。写真の横に「この絵画はあそこの古美術商に持っていけば50万円くらいになるはず」などのメッセージを書いておけば、家族にもすぐ理解でき、価値の分からないリサイクルショップに持参せずに済みます。

　これらの作業は、デジカメやSDカードを買いに行く手間こそ必要ですが、撮影やプリントにかかる作業自体は難しくありません。小学生でも高学年くらいならできそうな作業なので、お孫さんに手伝ってもらうというのもいいかもしれません。

コピーと資料貼り付けのヒント
――何の情報を集め、どんな書類を用意し、貼付・記入すべきか

　いくつかのエンディングノートを参考にまとめてみると、必要なもの、あった方がいいものなどは、以下のような項目になります。あなたの必要に応じてアレンジして、エンディングノート作りのヒントにしてください。

① **ご自身に関する各種情報**
　自分のプロフィールはご自身で記入することも可能ですが、それを見るのはあ

なたではなくて、他の人物です。

　私たちは「戦争が終わったのは昭和20年（1945年）」、「東京オリンピックがあった年は昭和39年（1964年）」など、大きな出来事と元号・西暦を覚えていて、だいたい分かるものですが、ノートを見るのは私たちよりも下の世代の人たちです。元号が変わることもあるため、昭和30年と1930年を混同したり、平成元年と昭和64年と1989年が同じ年だったことなどを忘れてしまったりするなど、うっかりミスが生じてしまうことがあります。

　そのためには、身分証明書、つまり写真付きの運転免許証、住宅基本台帳カード、パスポートなど、あなたがどこの誰なのかを、写真付きで証明してくれる公的機関が発行している身分証をコピーしておくと便利です。期限が切れてしまったものでも構いませんから、現時点で最新のものを用意しておけば、管轄の役所で履歴を検索したりすることも可能です。

> ★コピー　免許証、住基カード、パスポート等。

②　健康保険証の種類・番号

　言うまでもなく、あなたにかかる医療費の大半を負担してくれる健康保険の証です。高齢者の多くは、どこかしらに通院しているので、この保険証については財布に入れて持ち歩いているケースが多いと思います。そのため、ここで敢えて記録する必要などないと思う方も多いでしょう。

　しかし、一般の健康保険証から後期高齢者用の健康保険証に切り替わるときや、別の医療機関に移るときに、自治体によっては医療費を軽減するサービスがあるので、この関係書類についての情報は必須です。

　それに加え、血液型や既往症・アレルギー、延命治療についての希望や判断者など、医療全般にかかわることを記載しておくと便利です。

> ★コピー　健康保険証等。

③　年金関連の書類

　いわゆる国民年金は満20才に達した全ての国民が加入しているという建前になっており、成人全員が「年金手帳」を所有していることになっています。

　ただし、年金には、国民年金、厚生年金、共済年金などの種類があり、加えて、

国民年金基金や厚生年金基金などの加入の有無など様々なケースがあります。さらに、長い年月の間に免除や未払いをしていたなどということもあります。ですから、個別のケースに対応するため、「ねんきん定期便」と呼ばれる郵便物なども保存しておくといいでしょう。

★コピー 年金手帳の基礎年金番号通知書の部分、ねんきん定期便。

④ 生保・損保・各種共済等の証券類

生命保険や損害保険は、自分自身が納得して加入したものであれば、普通はご自身で覚えているものですが、会社が一括して加入させてくれたものとか、家族の友達関係の付き合いでなんとなく加入してしまったもの、クレジットカードの会員特典だった保険がいつの間にか有料になって継続加入しているものなどは忘れがちです。また、契約によって、死亡して初めて給付されるものから、病気と診断されたときや手術や入院で給付されるもの、余命が明らかになった時や通院でも請求できるものまで多様です。そのため、保険の加入期間中に請求しなかったけれど、実は解約後に保険金が支払われるケースだと判明したなんてこともあります。

時々送付される保険会社からの郵便物や、預金通帳に記された保険会社の口座引落しらしき記述は注意して記録しておくべきです。

★コピー 生保・損保の証券類。

⑤ 金融機関の通帳（銀行・信金・ゆうちょ等）

ふだん、各種の口座振替（自動引落し）などに利用しているとか、給与や年金が振り込まれる口座は手元にあるものですが、昔働いていた会社の関係で開設したものの、今はほとんど使わなくなった口座があるかもしれません。女性なら旧姓の時のものとか、合併を繰り返した銀行の旧銀行名の口座、通帳そのものは存在しないけれど、インターネット上でのみ確認できる口座などに、多額の預金が入っている可能性もあります。長年に渡って印税や保険金が振り込まれていたというケースもありました。

もっとも、近年は、かなりの年数が経過した口座には、振り込め詐欺などに不正利用されることを恐れて休眠状態にする金融機関も多いようです。休眠状態だ

と、預金そのものは残っているものの、名義人から請求されない限り、何も案内が来ないまま、遺族によって通帳が処分されてしまうこともあります。

★コピー 金融機関通帳の表紙の裏、キャッシュカード。

⑥　**不動産の登記識別情報**

　不動産（土地や建物）を所有している場合、かつてはその所有者であることを証明するために、「権利証」というものを作成し、法務局に押印をしてもらいました。しかし、平成17年に法改正があり、「登記識別情報」と呼ばれる12桁の符号が発行されるようになりました。

　エンディングノートや相続関係では、これらの証書や情報は必要ではありません。むしろ、不動産を所有している人であれば、固定資産税を納めていることが想像できますから、不動産がある市区町村役場から発行される「固定資産評価証明書」か、法務局などで発行される「登記事項証明書（登記簿謄本）」があれば、この不動産に関係する権利関係を調査することができます。

　ただし、それらの証明書がなくても、不動産は消滅するものではありませんから、固定資産税の納付書（領収証や書類の控え）があれば、差し当たっての手がかりとしては十分です。

★コピー 固定資産評価証明書、納税通知書。

⑦　**自動車やバイクなどの登録書類（車検証、標識交付証明書等）**

　普通、自動車やバイクなどには、車検証や標識交付証明書など、車の所有者や使用者が誰なのかを証明する書類が存在します。それらの書類原本は自賠責保険の資料などと一緒に、車のダッシュボードや、バイクの小物入れなどに入れておくものですから、やはりこれらもコピーした方がいいでしょう。

　ただし、車もバイクも、ナンバーさえ分かっていれば、その番号から調べることは可能ですので、ナンバープレートが写るようにして、車そのもの・バイクそのものを撮影した写真を用意するというのもひとつの方法です。

★コピー 車検証、標識交付証明書、車やバイクの写真。

⑧ クレジットカード類

　普通の社会人であれば、クレジットカード類は2〜3枚、海外旅行をする人なら5枚くらいは持っていてもおかしくありません。JCB、VISA、MASTERやAMEXなど、国際ブランドのカードもあれば、特定のデパートやスーパーでしか使用できないカード（ハウスカード）まで、いろいろあります。仕事を引退した高齢者も、地元のスーパーで使える、年会費無料のカードくらいは持っていることはよくあります。

　時々送られてくるカードの明細などを保存しておくのも良いのですが、使用していないカードの場合、ごくたまにしか明細らしきものが送られてきませんので、明細の有無だけでは全てのカードを把握していることにはなりません。本人が死亡したときなどには、カードの番号と発行会社名と連絡先の電話番号が分かれば、電話だけでその効力を停止させることが可能です。それらはカードそのものに記載されているため、カードの現物をコピーして保存しておくのも良いと思います。

　解約そのものは、電話だけで済むところもあれば、カードを返送させるところ、遺族による解約届けが必要なところなど、運営会社によってまちまちですが、手間を惜しまず解約手続をしておけば、不意に引落しされてしまうとか、不正利用されるなどのリスクを減らすことができます。

> **★コピー** 明細書、カードそのもの

⑨ 株券や金融商品の証書類（株式取引残高報告書等）

　かつて上場会社の株式は、「株券」という証書の形になっているものを売買するという建前で取引されていました。それが2009年から、全面的に電子化されたため、いわゆる「タンス株」のように、紙の証券という形で保存しているケースは現在はないと思われます。

　証券会社は、一般に「取引残高証明書」という書類を定期的に発行することになっています。なるべく新しい証明書を1枚保存しておけば、口座番号や名義人の氏名、取引銘柄、そして発行日現在の資産概要が記載されているため、後日の手続きが楽になります。

> **★コピー** 株式取引残高報告書。

⑩　公共料金関係

「公共料金」とは、厳密にいうと、公的なサービスにかかる料金すべてを指します。ただし、ここでは、電気・ガス・水道・電話・NHKの料金など、生活に必要なライフラインで、解約しない限り基本料金（サービスを使っていなくても発生する料金）がかかってしまうものを指します。これらのうち、本人が死亡して、もう二度と使わないことが分かっているものについては、早めに解約しないと、そのまま請求され続けます。もしその料金が銀行口座やクレジットカードから自動的に引き落とされる契約になっていると、知らないうちに数千円〜数万円が消失してしまうことになります。

解約の際に、担当の窓口に電話すると、名前・住所・お客様番号などを聞かれることが多いため、お客様番号の書かれた領収証・請求証・検針記録などを用意しておくべきです。

★コピー 公共料金領収証。

⑪　携帯・インターネット関係

本来、電話である以上、携帯電話も公共料金のところに記載しようかと思いましたが、最近の携帯電話はスマートホンとか、タブレットとか、モバイルWi-Fiルーター、プロバイダ等々、多かれ少なかれ、インターネットと関係していることが多いため、「携帯・インターネット関係」と一括りにしました。

携帯電話は毎月の請求書、インターネットのプロバイダについては申込書などを保存しておけば十分です。

★コピー 請求書、領収証、申込書控。

上記のものは、全て何らかの「原本」があり、そのすべてについて、正確な情報があれば、それを手がかりに再発行するとか、停止・解約が可能なものです。

しかし、その原本そのものを紛失してしまうと、本人の個人情報から情報を発見することが難しいことから、再発行が非常に困難になったり、関係者は契約の存在の事実すら気づかなかったりします。

特に金融機関の通帳に関しては、細心の注意が必要です。なぜなら、1人が複数の金融機関に多数の口座を開くことができるため、誰も知らない口座に数百万

円が眠っていたなんてこともあるからです。特に銀行は、合併を繰り返し、別の名称に変わっていることも多々あります。また、通帳の残高は0円であっても、たまたま振り込まれたとか、キャッシュカードで預け入れしたなどのケースもあるので、残高の有無に関わらず、通帳の存在は確認しておくべきでしょう。

⑫ コレクション

　一口にコレクションといっても、それがあなたの死亡時に、それなりの価値を持っている物であるか否かで判断が分かれます。

　故人が大切にしていた物ほど、処分に困ってしまうものです。ですから、売却できるものと捨てた方がいいもの、誰かに譲ってほしいもの、遺族の誰かが引き継いで欲しいものなどの区別をエンディングノートや遺言書に記載すべきです。

　ただ、10個や20個どころではなく1000個単位の物がある場合、他人には区別もつきませんから、いくつかに分類してそれぞれデジカメなどで撮影し、「このコレクションは駅前の松本骨董に売却せよ」、「このコレクションは無価値なので欲しい人にあげてほしい」、「この本には福沢諭吉の署名が入っているので大切に保管しろ」など、具体的に指示をすると良いでしょう。

【★デジカメで撮影】 コレクションの品々。

⑬ ペット

　ペットもコレクションと同様、飼い主の死後、扱いに困るものです。

　やはり、もしもの時を考えて、引き取り手を探しておくべきだと思います。エンディングノートに記載すると共に、懇意にしているペットショップと相談しておくとか、友人や家族を通じて、もしもの場合の里親を探すなどの方法があると思います。

　「これくらいの大きさのインコ」とか、「これくらいのかわいいチワワ」と言葉や身振り手振りで説明しても、なかなか伝わりづらいので、そのペットをデジカメで撮影し、ペットの名前や種類・年齢などをメモしておくと説明しやすいと思います。

【★デジカメで撮影】 ペットの姿。

⑭　医療・健康情報

　エンディングノート作成における「医療・健康情報」とは、既往症（今までにかかった大きな病気、持病）や体質・アレルギー、医療機関への通院歴や、みなさんご自身が健康な生活をする上で気をつけるべき情報について、もし深刻な状態に陥った場合、延命治療をするかどうかの判断や意思確認があります。
　「10年前に大腸ガンを切除した」とか、「狭心症の治療で服薬中である」など、医療機関の通院歴・投薬歴などがわかるよう、ノートに記載すべきです。
　この他、通院していない花粉症や、そばを食べるとじんましんが出る、お酒が飲めないなどの情報は、なかなか書類として保存する方法がないため、しっかりメモしておくことになります。
　延命治療に対する判断は、もう治る見込みがない病気で、本人にとって苦痛しか与えない場合に、蘇生措置や人工呼吸器などを用いてでも、またはコストを負担してでも延命させるか否かという重大な選択です。これはみなさんが、明確に意思表示すべき事柄ですので、どうあるべきかについて、ご家族と話し合って決めていただくべきものだと思います。

★コピー　過去の診療報酬明細書、お薬手帳。

⑮　親族の連絡先

　民法では、親族とは6親等以内の血族、3親等以内の姻族のことを指しますので、これら親族については、基本的には連絡先の分かる人すべてを記載すべきでしょう。
　しかし、親族の中には、過去に何らかのいざこざがあって、もう二度と会いたくない人もいれば、葬儀に呼びたくない人やいろいろな事情で連絡をとりたくない人もいるかもしれません。
　自分が死んだ後であっても、もう二度と関わりたくない、関わってほしくない場合は、「敢えて書かない」という選択肢もあり得ますが、気をつけなければならないのは、推定相続人（あなたの財産を相続するはずの人）については、遺産分割協議を行う際に必須となりますので、こればかりは記載しておかないと、後からややこしいことになります。
　例えば、あなたの相続人が配偶者や子だけの場合であれば、兄弟姉妹は相続人にはなりえませんから、親族の連絡先一覧表を作成したとしても、「弟のアキラ

には連絡を取らないでくれ」と書き残し、アキラを呼ばなかったとしても、問題にはなりません。しかし、配偶者も子どももおらず、相続が兄弟姉妹にも及ぶと、弟のアキラも相続人となるため、アキラを呼ばないと相続人全員の同意が必要な銀行口座の凍結解除も困難になります。

そういう場合は、葬儀や相続手続きをやってくれる予定の人（喪主や遺言執行人など）に、「弟のアキラは意地悪だから気をつけろ」と伝えておくか、かかりつけの法律家などに相談しておくことをお勧めします。

以上の理由から、推定相続人の連絡先は必ず記載しておき、それ以外の人についてはあなたご自身の好きなように、書いてもいいし、書かなくてもいい。いちおう記載はしておくけれど、「葬式にだけは呼ぶな」と余白に書いても構いません。

★コピー 推定相続人の戸籍謄本、家系図等。

⑯ 家系図

現代社会においては、かつてとは様相が変わって、離婚や再婚がごく当たり前に行われています。かつて婚姻していた複数の相手との間に、複数の子どもがいたりすると、家系図の作成がややこしくなったりします。ですから家系図は必要なものではないと私は思っています。

それでも、相続に関連して発生するいくつかの問題を考えると、目で見てわかる家系図はあった方がいいと考える人もいるし、家系を重んじなければいけない事情を有する人もいると思います。そういう方は、自分を中心に、いま生きている人だけでもいいから、親族の連絡先と共に家系図をエンディングノートに記入しておくと便利だと思います。また、こういう家系図の作成を得意としている法律家もいますので、相談してみてはいかがでしょうか。

★コピー 推定相続人の戸籍謄本等。

⑰ 知人・友人の連絡先

一口に「知人」とか「友人」といっても、「ただ知っているだけ」、「年賀状だけはやりとりしているだけ」という人から、ふだんから飲食する間柄までいろいろあると思います。

知人・友人の間柄では、相続に絡むことはほとんどないと思われますので、死

亡を知らせるか否かの判断基準は「年賀状の交流がある人以上」かと思います。ただし、最近では、年賀状を省略する人も多いので、それらに加えて携帯電話に登録されている友人・知人から、葬儀などに呼んでほしい人たちをピックアップします。携帯に登録されているアドレスは、その携帯キャリアのショップに行けばプリントアウトしてくれるサービスもあるそうですので、それを切り貼りしてもいいでしょう。

> **★コピー** 年賀状の連絡先部分、携帯アドレス帳のプリントアウト等。

⑱ 介護

ひとくちに介護といっても、手足が不自由になった場合などは、希望を口頭で伝えることができるので構わないのですが、エンディングノートにおける「介護」は、意思表示することが難しくなってしまったときのことを想定しています。

こうした場合、誰に介護してもらいたいか、どこで介護してもらいたいか、介護費用はどこから捻出すべきか、家族が介護する場合の報酬などをある程度設定しておくと、後にお金の問題でもめることは少なくなります。

ふだんから利用しているデイケアセンターとか、ヘルパーさんを指名したいのであれば、それが分かる資料を貼付しておくと便利です。

> **★コピー** 利用している介護施設の資料、福祉関係者・担当者の名刺など。

⑲ 相続

相続は、原則として「遺言書」に記載されたあなたの意思表示か、それがない場合は法定相続によって行われるものです。エンディングノートに遺言らしきものを書いた場合、形式上の問題で無効と判定されてしまうこともあるので、法定相続の枠を超えて、相続させたいと思うのであれば、法的な形式に則って遺言書を作成し、適切な場所に保管します。

そしてエンディングノートには、遺言書の保管場所や作成に協力してくれた法律家・公証役場の名前など、遺族が遺言書を見つける手がかりとなる情報を記しておきます。

遺言書の内容が、相続人の誰かの感情を逆なでするようなものでなければ、あくまで参考程度として、コピーを貼るくらいはかまわないと思います。

> **★コピー** 無難な内容なら遺言書のコピー。

⑳ お墓

「お墓を持っている」ということは、霊園を運営する自治体・宗教法人・財団法人などに対し、お金を払って墓地の使用権を得たということと、墓石を所有しているということを指します。これは不動産を所有しているのとは違い、お金を払って使用権を得ただけですが、管理費などを納めさえすれば永久に使用することができる土地ということになります。

お墓を承継している人は、霊園を運営する団体から、何らかの書面を受け取っているはずですが、何十年も前に発行された書類だと紛失している可能性もあります。また、長く続くお寺の場合は、口約束が主体であるとか、寺が保有している帳面に記載されている事実しか証明する手だてがないなど、墓地の承継者である旨を証明する書類を用意するのは大変です。

しかし、墓地を承継した人であれば、管理費の請求書やそれを支払った領収証があるはずですから、これらのものをエンディングノートに貼付しておきます。

あるいは、いっそのこと、「散骨」や「遺骨を粉砕・加工してオブジェにして遺族が保管し、墓地は用意しない」という選択肢もありますので、その旨の意思表示もエンディングノートに記載しておくとよいでしょう。

> **★コピー** 墓地の申込書・契約書の控え、管理費などの請求書・領収書。

エンディングノート
ドキュメント編

作成年月日
年　　月　　日

------- キ　リ　ト　リ -------

ノートの表紙に貼りましょう

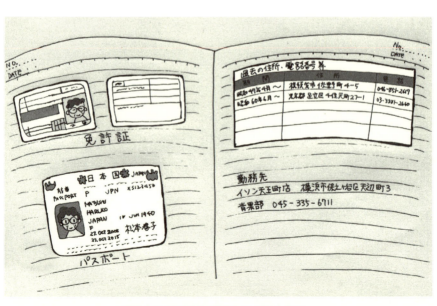

各種公的証明書や書類などを貼り付け、
必要に応じてメモ書きをしておくと便利です。

①ご自身に関する各種情報 必須項目

添付資料を見て以下の情報が入っているかチェックすること

☐名前 　　☐フリガナ 　　☐生年月日 　　☐住所 　　☐本籍

☐電話番号 　　☐FAX番号 　　☐携帯電話番号

☐過去の住所・電話番号等

☐勤務先の名称

☐勤務先の所在地・電話番号 　　☐勤務先のFAX番号

過去の住所・電話番号等

期　間	住　所	電　話
年　月　～		
年　月　～		
年　月　～		
年　月　～		
年　月　～		

免許証・パスポートなど

名　称	記　号・番　号	保管場所・その他
運転免許証		
パスポート		
住民票コード		

添付してあると便利な書類コピー

- 運転免許証

- 住民基本台帳カード

- パスポート

- 戸籍謄本と附票

② 健康保険証の種類・番号 　必須項目

添付資料を見て以下の情報が入っているかチェックすること

☐ 健康保険証の種類

☐ 健康保険証の番号

添付してあると便利な書類コピー

健康保険証

③年金関連の書類 必須項目

公的年金について

基礎年金番号	加入したことのある年金の種類
	国民年金・厚生年金・共済年金・その他(　　　　　)

私的年金について

名　称	連絡先	備　考

添付してあると便利な書類コピー

年金手帳

ねんきん定期便

④生保・損保・各種共済等の証券類 必須項目

添付資料を見て以下の情報が入っているかチェックすること

☐保険会社名　　☐種類・商品名など

☐どんなときに請求するか

☐契約者名　　☐被保険者名　　☐保険金受取人

☐証券番号　　☐保険期間　　☐保険料

☐連絡先・担当者　　☐保険金額　　☐特約

添付してあると便利な書類コピー

　　　　　生命保険証書

　　　　　損害保険証書

　　　　　共済加入証書

⑤金融機関の通帳（銀行・信金・ゆうちょ）必須項目

添付資料を見て以下の情報が入っているかチェックすること

☐金融機関名　　☐支店名・店番号

☐預貯金の種類　　☐口座番号　　☐名義人

添付してあると便利な書類コピー

預貯金通帳

⑥公共料金関係 必須項目

添付資料を見て以下の情報が入っているかチェックすること

□電気　　□ガス　　□ NHK 受信料

□電話　　□水道

その他の口座引き落とし

	項　目	金融機関・支店	口座番号	引落日	備考
1				毎月　　日	
2				毎月　　日	
3				毎月　　日	
4				毎月　　日	
5				毎月　　日	
6				毎月　　日	

添付してあると便利な書類コピー

公共料金領収書

⑦携帯・インターネット関係 【必須項目】

携帯電話について

> 添付資料を見て以下の情報が入っているかチェックすること
>
> ☐契約会社　　☐携帯電話番号　　☐名義人
>
> ☐携帯メールアドレス　　☐紛失時の連絡先

インターネットについて

> 添付資料を見て以下の情報が入っているかチェックすること
>
> ☐プロバイダ名　　☐プロバイダの連絡先
>
> ☐メールアドレス

パソコン本体について

> 添付資料を見て以下の情報が入っているかチェックすること
>
> ☐パソコンのメーカー
>
> ☐サポートセンターなど

添付してあると便利な書類コピー

- 携帯電話の明細・請求・領収書

- インターネット関係の契約書控え

- パソコンの保証書類

- 契約内容についてのメールプリントアウト

⑧医療・健康情報 【必須項目】

アレルギーや健康上の注意点

```
（記入欄）
```

かかりつけの医師について

添付資料を見て以下の情報が入っているかチェックすること

☐病院名　　☐診療科名（例・循環器内科、腎臓内科等）

☐病院の電話番号

常用している薬について

添付資料を見て以下の情報が入っているかチェックすること

☐病名・症状　　☐薬の種類

既往症（過去にかかったことのある病気）

病名・症状	治療期間	治療した病院など
	年　月頃～　年　月頃まで	

添付してあると便利な書類コピー

- お薬手帳
- 薬の解説書
- 健康診断結果
- 医療機関の診察券

告知・延命処置について

誰かが判断をしなくてはならない場合

私の治療方針について、誰かが決めなくてはならない場合は、
【　　　　　　　　　　連絡先(　　　　　　　)】の意見を尊重して下さい。

告知について

- ☐ 告知はしないでほしい
- ☐ 病名のみ告知希望
- ☐ 余命が＿＿＿＿カ月以上であれば、病名・余命とも告知希望
- ☐ 余命の期間に関わらず、病名・余命とも告知希望
- ☐ その他（　　　　　　　　　　　　　　　　　　　　　　　　）

回復の見込みがなくて死期が迫った場合の延命処置について

- ☐ 回復の見込みがなくても、延命処置をしてほしい
- ☐ 延命よりも苦痛を少なくすることを重視して決めてほしい
- ☐ 回復の見込みがないのであれば、延命処置をしないでほしい
- ☐ 尊厳死を希望し、書面を作成している（保管場所など：　　　　　　）
- ☐ その他（　　　　　　　　　　　　　　　　　　　　　　　　）

臓器提供や献体について

- ☐ 臓器提供のためのドナーカードを持っている（カードの保管場所：　　　　）
- ☐ 角膜提供のためのアイバンクに登録している（登録証の保管場所：　　　　）
- ☐ 献体の登録をしている（登録した団体　　　　　　電話番号：　　　　）
- ☐ 臓器提供や献体はしたくない　　☐ 特に考えていない
- ☐ その他（　　　　　　　　　　　　　　　　　　　　　　　　）

私の考え方

添付してあると便利な書類コピー

尊厳死を伝える内容を記した書類

ドナーカード

⑨家族・親族の連絡先 【必須項目】

家族一覧

フリガナ 名　前		続柄	生年月日	年　　月　　日
現住所	〒			
電　話			携帯電話	
携帯メール				
e-mail				
勤務先/学校				
血液型		備考		

フリガナ 名　前		続柄	生年月日	年　　月　　日
現住所	〒			
電　話			携帯電話	
携帯メール				
e-mail				
勤務先/学校				
血液型		備考		

フリガナ 名　前		続柄	生年月日	年　　月　　日
現住所	〒			
電　話			携帯電話	
携帯メール				
e-mail				
勤務先/学校				
血液型		備考		

添付してあると便利な書類コピー

戸籍謄本

住民票

勤務先の名刺

親族一覧

フリガナ 名　前		呼び名 や愛称		間　柄	
住　所	〒				
携　帯 電　話		もしも のとき	入院時連絡		葬儀時連絡
			する・しない・どちらでもよい		する・しない・どちらでもよい
備　考					

フリガナ 名　前		呼び名 や愛称		間　柄	
住　所	〒				
携　帯 電　話		もしも のとき	入院時連絡		葬儀時連絡
			する・しない・どちらでもよい		する・しない・どちらでもよい
備　考					

フリガナ 名　前		呼び名 や愛称		間　柄	
住　所	〒				
携　帯 電　話		もしも のとき	入院時連絡		葬儀時連絡
			する・しない・どちらでもよい		する・しない・どちらでもよい
備　考					

家族・親族や大切な人の冠婚葬祭について

日　時	行事の内容	メ　モ

添付してあると便利な書類コピー

親族からの年賀状

家系図

⑩友人・知人一覧 【必須項目】

このノート以外に連絡先データがある
□ノート・手帳・住所録など(保管場所:)
□携帯電話　　□パソコン(データの所在:)
メ　モ

フリガナ		呼び名やアドレス帳登録名		データ登録	有(携帯・PC) 無
名　前					
電　話		携帯電話		生年月日	年　月　日
携帯アドレス					
e-mail					
住　所	〒				
もしものとき	入院時連絡 する・しない どちらでもよい	葬儀時連絡 する・しない どちらでもよい	連絡方法の希望	電話・携帯・e-mail そ　の　他 (　　　　　)	
どんな間柄		メ　モ			

フリガナ		呼び名やアドレス帳登録名		データ登録	有(携帯・PC) 無
名　前					
電　話		携帯電話		生年月日	年　月　日
携帯アドレス					
e-mail					
住　所	〒				
もしものとき	入院時連絡 する・しない どちらでもよい	葬儀時連絡 する・しない どちらでもよい	連絡方法の希望	電話・携帯・e-mail そ　の　他 (　　　　　)	
どんな間柄		メ　モ			

添付してあると便利な書類コピー

| 手帳・住所録 |

| 年賀状 |

| 携帯アドレスのプリントアウト |

⑪介護 【必須項目】

介護について(1)

誰かが判断しなくてはならない場合

私の介護について、誰かが決めなくてはならない場合は
【　　　　　　　　　　連絡先(　　　　　　　　　　)】の意見を尊重して決めてください。

介護をお願いしたい人や場所の希望
- □ 自宅で、家族にお願いしたい
- □ 自宅でヘルパーさんに手伝ってもらいながら、家族と過ごしたい。
- □ 病院や施設に入りたい　□ 特に考えていない
- □ その他(　　　　　　　　　　　　　　　　　　　　　　　　　　)

介護してくれる人に伝えたいこと（複数選択可）
- □ 無理はせず、負担が大きくならないようにしてください。
- □ つらくなったり体調を崩したりしたら、遠慮せずにプロの手を借りてください。
- □ あなたの生活を優先してください。
- □ その他（　　　　　　　　　　　　　　　　　　　　　　　　　　）

介護のための費用
- □ 私の預貯金などから　□ 保険に加入している　□特に用意していない
- □ その他（　　　　　　　　　　　　　　　　　　　　　　　　　　）

自分で財産の管理ができないときに管理をお願いしたい人
- □ 特に考えていない　　　□ 配偶者
- □ 子ども (名前:　　　　　　　　　　　　　)
- □ 後見人・代理人(名前:　　　　　　　　　連絡先:　　　　　　　　　)

添付してあると便利な書類コピー

- 介護施設の資料

- 福祉関係者の名刺

介護について(2)
食べ物
- アレルギーがあって食べられない食材（　　　　　　　　　　　　　　　）
- 苦手なので食べられない食材・メニュー（　　　　　　　　　　　　　　）
- 好きな食事メニュー（　　　　　　　　　　　　　　　　　　　　　　）
- 好きな味付け　□濃い　□薄い　□甘い　□辛い　□その他（　　　　　）

服装

趣味

動物・植物

呼び方

その他

添付してあると便利な書類コピー

- 趣味やコレクションの写真

- ペット・植木等の写真

⑫相続・葬儀について 必須項目

遺言書について

遺言書の有無	☐ 遺言書を作成していない ☐ 遺言書を作成している		
	☐ 自筆遺言証書　　☐ 公正証書遺言　　☐ 秘密遺言証書		
遺言書の 保管について			
一番新しい遺言 書を作成した日	年　　　　　　月　　　　　　日		
遺言執行者	名　前	職業	間柄
	住　所		
	電　話	携帯電話	
備　考			

依頼・相談している法律家・専門機関

事務所名		名　前		職　業	
住　所					
電　話			携帯電話		
依頼内容					

事務所名		名　前		職　業	
住　所					
電　話			携帯電話		
依頼内容					

添付してあると便利な書類コピー

- 遺言書のコピー

- 法律家・専門家の名刺

- 公証役場の領収書等

葬儀について(1)

葬儀の実施について
□ してほしい
□ しなくてもいい

葬儀の宗教について
□ 仏教　　□ キリスト教　　□ 神道　　□ 無宗教(家族葬)　　□ おまかせする
□ その他の宗教(　　　　　　　　　　　　　　　　　　　　　　　　　　　　　)
○菩提寺がある場合や、特定の寺社・教会や宗派を希望する場合

名称		宗派	
住所		電話	

葬祭業者や会場
□ 特に考えていない
□ 生前予約している (業者名:　　　　　　　　　連絡先:　　　　　　　　)
□ 会員になっている (業者名:　　　　　　　　　連絡先:　　　　　　　　)
□ 予約や入会はしていないが、業者は決めている
(業者名　　　　　　　　　　　　　　　　　　　　　　　　　　　　　　)
□ その他 (　　　　　　　　　　　　　　　　　　　　　　　　　　　　　　)

葬儀の流れの希望について
□ お通夜 → 葬儀・告別式 → 火葬
□ 家族で密葬 → 火葬 → お別れ会
□ 家族で密葬 → 火葬
□ 火葬のみ
□ その他 (　　　　　　　　　　　　　　　　　　　　　　　　　　　　　　)

葬儀の費用	葬儀の予算
□ 特に用意していない	□ 特に考えていない
□ 預貯金で払ってほしい	□ 全て合計して(　　　　)万円くらい
□ 保険金等で払ってほしい	(備考:　　　　　　　　　　　　　　)
(備考:　　　　　　　　　　　　)	

添付してあると便利な書類コピー

> 希望する葬祭業者のパンフレット

> 契約・予約している業者の書類控え

葬儀について(2)

喪主になってほしい人
名前:　　　　　　　　　　　　　　　　　　連絡先:

準備などを取り仕切ってほしい人
名前:　　　　　　　　　　　　　　　　　　連絡先:

世話役（受付・会計・その他）をお願いしたい人
名前:　　　　　　　　　　　　　　　　　　連絡先:

挨拶をお願いしてほしい人
□ 特に考えていない
□ 挨拶をお願いしたい人がいる（名前:　　　　　　　　連絡先:　　　　　　）

戒名(法名)について
□ 戒名をつけてほしい。
□ 戒名はつけてもいいが、一定の予算内で（　　　　　　円くらいまで）
□ 戒名はつけないでほしい。
□ 戒名をすでに持っている（戒名:　　　　　　）（受戒した寺・宗派:　　　　　）
□ おまかせする
□ その他（　　　　　　　　　　　　　　　　　　　　　　　　　）

香典
□ いただく　□ 辞退する　□ おまかせする　□その他（　　　　　）

供花(花輪など)
□ いただく　□ 辞退する　□ おまかせする　□その他（　　　　　）

葬儀に呼びたくない人物
□ 特にいない
□ 呼びたく人物（　　　　　　　　　　　　　　　　　　　　）

棺に入れてほしいもの
□ 特に考えていない
□ 入れてほしいもの（　　　　　　　　　　　　　　　　　）

葬儀で使ってほしい花
□ おまかせする
□ 使ってほしい花（　　　　　　　　　　　　　　　　　）

添付してあると便利な書類コピー

戒名があるならそれを記した書面

葬儀について(3)

葬儀時や納棺時の服装
☐ おまかせする
☐ 洋装（　　　　　　　　　　　　）　☐ 和装（　　　　　　　　　　　　）

葬儀で使用したい音楽
☐ 使いたい音楽は特にない
☐ 使いたい音楽がある（　　　　　　　　　　　　　　　　　　　　　　）

遺影用の写真
☐ 特に決めていない
☐ 使ってほしい写真がある（　　　　　　　　　　　　　　　　　　　　）

その他の要望、葬儀に関すること、家族・親族・友人たちへのメッセージ等

添付してあると便利な書類コピー

遺影を指定するならその写真

⑬お墓・納骨について 必須項目

希望するお墓・納骨の方法
- ☐ 先祖代々のお墓
- ☐ すでに購入しているお墓
- ☐ 新たにお墓を購入(希望する霊園：　　　　　　　　　　　)
- ☐ 合祀の永代供養墓(希望する霊園：　　　　　　　　　　　)
- ☐ 納骨堂 (希望するところ：　　　　　　　　　　　　　　)
- ☐ 樹木葬 (希望するところ：　　　　　　　　　　　　　　)
- ☐ 自宅に置いてほしい
- ☐ 散骨してほしい (希望するところ：　　　　　　　　　　)
- ☐ 特に考えていない
- ☐ その他 (　　　　　　　　　　　　　　　　　　　　　　)

使用できるお墓

名　称		連絡先	
所在地			
墓地使用権者			
備　考			

あなたのお墓を継承してほしい人物

お墓や供養にかかる費用
- ☐ 特に用意していない
- ☐ 預貯金で払ってほしい
- ☐ 保険金等で払ってほしい

(備考：　　　　　　　　　　　　　　　　　　　　　　　　)

その他してほしいこと、してほしくないこと、お墓や墓石・仏壇などについて伝えておきたいことなど

添付してあると便利な書類コピー

霊園・墓地の概要を記した書類
（申込書控え等）

⑭動産・不動産関係 　必要に応じて使用する項目

不動産情報

種　類	□土 地　　□建 物　　□マンション・アパート　　□田 畑　　□その他 （　　　　　　　）		
どんな不動産	例：自宅、別荘、貸家、etc		
名義人 （共有者含む）			持ち分
所在地			
登記簿 内　容	抵当権　□設定なし 　　　　□設定あり	面　積	
		備　考	

その他の資産

名　称	内容・金額など	保管場所	備　考

貸金庫・レンタル倉庫・トランクルームなど

契約会社・連絡先	場　所	内容・保管しているものなど

添付してあると便利な書類コピー

- 不動産登記簿謄本
- 固定資産評価証明書
- 登録書類
- 宝飾品・美術品・骨董品などの写真
- 物品を保管している施設の案内書・契約書控え

⑮自動車やバイク 必要に応じて使用する項目

所有している自動車・バイク

メーカー	車種	年式	排気量	自動車登録番号標／車両番号標 （ナンバープレート）

添付してあると便利な書類コピー

車検証

標識交付証明書

車やバイクの写真

⑯クレジットカード類 （必要に応じて使用する項目）

クレジットカード一覧

カード会社名	カード番号	連絡先

添付してあると便利な書類コピー

| 明細書 |

| クレジットカードそのもの |

⑰証券や金融商品の証書類 （必要に応じて使用する項目）

添付資料を見て以下の情報が入っているかチェックすること

☐証券会社名　　☐口座番号　　☐名義人

☐連絡先　　　　☐ID 等

その他の金融資産

名称・銘柄・内容	名義人	証券会社・ 金融機関・取扱会社	連絡先・備考

添付してあると便利な書類コピー

株式取引残高報告書

金融商品取引明細書

貸金・借金

貸しているお金

貸した相手の名前		連絡先	
貸した日	年　月　日	貸した金額	
証書の有無	□なし　　□あり(保管場所: 　　　　　　　　　　)		
返済について	残債　　　　　　円(　年　月　日現在)		
備　考			

主な借入先・ローン

借入先		連絡先	
借入日	年　月　日	借入額	
返済方法		担保の有無	無　・　有(　　　　)
借入残高	円(　年　月　日現在)	借入目的	

その他のローン・キャッシング

借入先	連絡先	借入残高	備考
		円(　年　月　日現在)	

保証債務(借金の保証人など)

保証した日	年　月　日	保証した金額	円
主債務者・あなたが保証した人		連絡先	
債権者・お金を貸した人		連絡先	

添付してあると便利な書類コピー

金銭消費貸借契約書

債務保証契約書

⑱コレクション 必要に応じて使用する項目

コレクション一覧

コレクション内容	参考情報・エピソード	備考

添付してあると便利な書類コピー

デジカメで撮影したコレクション

⑲ペットについて 必要に応じて使用する項目

名前		生年月日	年　月　日	性別	
生物名			種類		
血統書			登録番号		
エサ	いつものエサ				
	好きなエサ		嫌いなエサ		
病気・ケガ等				避妊手術	
				去勢手術	
飼育場所					

名前		生年月日	年　月　日	性別	
生物名			種類		
血統書			登録番号		
エサ	いつものエサ				
	好きなエサ		嫌いなエサ		
病気・ケガ等				避妊手術	
				去勢手術	
飼育場所					

かかりつけの動物病院

病院名		連絡先		備考	

加入しているペット保険

保険会社名		電話	
保険の内容や請求方法など			

行きつけのトリミングサロン・しつけ教室など

名称・連絡先		内容	
名称・連絡先		内容	

添付してあると便利な書類コピー

- ペットの写真
- 血統書
- ペット保険の加入控え
- ペットショップの情報
- 動物病院の情報

⑳家系図 　必要に応じて使用する項目

のりしろ

123

エンディングノート
メモリアル編

作成年月日
年　　月　　日

------- キ　リ　ト　リ -------

ノートの表紙に貼りましょう

とっておきの写真があったら、思い出やメッセージを添えて
貼り付けておくと、ちょっとしたアルバムとしても使えます。

私の人生年表

年	月	

生まれた年月、学校の入学・卒業、就職、結婚、出産、旅行など、思い出となる出来事を書きましょう。足りなければ、ノートに自由に書き足してください。

添付してあると便利な書類コピー・写真

- 旅行した時の乗り物チケットの半券

- 家族で撮影した写真（アルバム写真をデジカメで撮影してもいい）

- 子どもが初めて描いてくれた似顔絵

- 出身校の成績証明書

家族へのメッセージ

自分の家族へのお礼、楽しかった思い出などを回顧して、自由に描いてみましょう。
足りなければ、追加でノートに書き足してください。

添付してあると便利な書類コピー・写真

思い出の品

旅行した時の地図

親族へのメッセージ

自分の親族へのお礼、楽しかった思い出などを回顧して、自由に描いてみましょう。
足りなければ、追加でノートに書き足してください。

添付してあると便利な書類コピー・写真

親戚の子と一緒に撮った写真

家系図

友人・知人へのメッセージ

　長年付き合った友人・知人、仕事の仲間、隣人など、お世話になった人に向けて、自由にメッセージを書きましょう。
　足りなければ、追加でノートに書き足してください。

添付してあると便利な書類コピー・情報

友人・知人の連絡先

関係した人の名刺

SNSを使っているなら
そのID・パスワード

この国、この社会に向けてのメッセージ

実際に伝わるかどうかは別にして、この国や社会に対して言いたいこと、制度に対する批判もあれば、感謝の気持ちもあると思います。この国や社会に向けて、自由にメッセージを書きましょう。
　足りなければ追加でノートに書き足してください。

添付してあると便利な書類コピー

メッセージの送り先があるなら
相手方の住所

第4章

成年後見制度の利用法

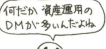

成年後見制度とエンディングノート

　認知症、知的障害、精神障害など、判断能力の不十分な人たちは、不動産や預貯金の管理をしたり、身の回りの世話のために介護サービスや施設の入所に関する契約を結んだり、遺産分割の協議をしたりといった法律行為を行うのが難しい場合があります。また、自分にとっては不利な契約であっても、判断ができずに契約してしまうなど、悪徳商法の被害にあうおそれもあります。このような判断能力の不十分な方々を保護し、支援するのが成年後見制度です。

　本書がエンディングノート入門でありながら、この成年後見制度を説明するのは、やはり高齢者ゆえの判断力の低下に備え、このような状況になった時、法的な措置として、どんな選択肢があるのかを説明しておくべきだと思ったからです。

 ## 「後見人」は家庭裁判所が選任した「法的な面倒を見る人」である

　高齢の影響などにより、判断能力が乏しくなるケースとしては、例えば物忘れが頻発してくるなどの症状があります。一口に「物忘れ」といっても、様々な程度のものがあって、ここで問題となるのは、認知症やアルツハイマー病、脳に損傷を受ける病気や事故など、多種多様ですが、生活に支障の出るようなレベルのものです。

　ちょっとした物忘れならともかく、記憶が飛んでしまうとか、具体的に説明されたことをほとんど理解できなくなったり、それがエスカレートしてしまうと、年金の受給手続や生活保護の申請といった、誰が見ても利益になる行動をとらないとか、逆に自分にとって不利益になることを理解できず高額な損害を被る契約を結んでしまったりします。そのような判断能力の不十分な人の財産を守るために、法律的な管理や手続きを行う権限を家庭裁判所から与えられた人を成年後見人と呼びます。つまり、家庭裁判所から本人をサポートするために選ばれた人が「成年後見人」、そしてこの本人のことを「被後見人」と呼びます。

　本書では詳細な説明はしませんが、成年後見人が選任されると、大きな買い物や契約などは本人が単独で行うことはできず、後見人の同意や家庭裁判所の許可が必要になります。これは、本人を不利益から守ることを目的にしています。

成年後見制度は「法定」と「任意」の2つに分けられる

　成年後見制度は、本人の判断能力が乏しくなってから選任する「法定後見制度」と、本人があらかじめ選任しておく「任意後見制度」に分かれます。

　法定後見制度では、本人の判断能力の程度によって、「後見人」、「保佐人」、「補助人」と、3つの呼び名の人たちが存在します。基本的に本人の不利益にならないよう、法律的な行動をサポートするという意味では同じですが、本人の判断能力が常に欠けているような人には「後見人」を、判断能力が著しく不十分な場合には「保佐人」を、判断能力が不十分な程度の場合には「補助人」という名で家庭裁判所が選任します。各々その権限の範囲が定められていますが、本人の判断能力に応じ、家庭裁判所が詳細に権限を定めるケースもあります。

法廷後見制度の概要

	後見	保佐	補助
対象となる方	判断能力が欠けているのが通常の状態の方	判断能力が著しく不十分な方	判断能力が不十分な方
申立をすることができる人	本人、配偶者、四親等以内の親族、検察官など、市町村長		
成年後見人等（成年後見人・保佐人・補助人）の同意が必要な行為	-	民法13条1項所定の行為※	申立の範囲内で家庭裁判所が新版で定める「特別の法律行為」（民法13条1項所定の行為の一部）※
取り消しが可能な行為	日常生活に関する行為以外の行為	同上	同上
成年後見人等に与えられる代理権の範囲	財産に関するすべての法律行為	申立の範囲内で家庭裁判所が審判で定める「特定の法律行為」	同左

※民法13条1項では、借金、訴訟行為、相続の証人・放棄、新築・改築・増築などの行為が上げられています。

法務省「成年後見制度～成年後見登記制度～」より
http://www.moj.go.jp/MINJI/minji17.html

任意後見制度は、本人に十分な判断能力があるうちに、将来、判断能力が乏しくなってしまった場合にそなえて、あらかじめ自分で選んだ代理人（任意後見人）に、自分の生活・療養看護・財産管理に関する事務について代理権を与える契約（任意後見契約）をするというものです。

　法定後見人等は、家庭裁判所が適切と思われる人物を選任するのが原則なのに対し、任意後見人は、本人と懇意にしていた人物や法律家など、自分の好きな人を選任することができるため、「どこの誰か分からない人に依頼するくらいなら、気心の知れている彼にお願いしたい」など、本人の希望が優先されます。

　もっとも、任意後見契約を簡単に締結できてしまうと、素性の分からない人が本人を騙して契約することもあるため、公証人の作成する公正証書で契約をするとか、家庭裁判所が選任する「任意後見監督人」という、後見人をチェックする人物の監督下で行うなど、不正行為の難しいシステムになっているようです。

できることなら気心の知れている人を選びたい

　家庭裁判所が選任する法定後見人、あらかじめ選任しておく任意後見人。どちらも同じような権限を有します。

　以前は、法定後見人の指名はできなかったのですが、最近は、法定後見人であっても、家族が「後見人はぜひとも松本先生にお願いしたい」などと、家庭裁判所へ懇意にしている法律家や社会福祉士などを推薦した場合、特に大きな問題がなければ家庭裁判所も柔軟に認めることもあります。そのため、わざわざお金と手間のかかる任意後見契約を結ばなくても良いのではないかという意見もあります。

　知った人が後見人であれば、判断能力は乏しくなっても、かつての友人が時々顔を見せてくれることで、昔話をきっかけにして精神状態が改善することもあるし、家族も安心です。

　逆に、人の家庭の事情に踏み込んでくるからこそ、知人には後見人になって欲しくないと考える人もいるでしょう。

　後見人は、見ず知らずの人が良いのか、知っている人が良いのか、それは読者のみなさんの状況に合わせて、好きにすれば良いのですが、私なら顔見知りに頼みたいと思います。

もし、顔見知りの人に頼みたいのであれば、そして一定の費用を捻出できるのなら、公証役場で任意後見契約書を作成しておけば良いし、そこまでの必要がないと思うのなら、エンディングノートに明確に「私が後見人を必要とすることになったら、あの人をお願いしたい」と書いておくのも良いと思います。エンディングノートであっても、本人が明確に意思表示しているのであれば、家庭裁判所も前向きに認めてくれるのではないかと思います。

かかりつけの法律家と付き合っておく

　成年後見人は、本人の希望や状況に応じて選任されます。
　過去の事例では、本人の長男が成年後見を申し立てて、その長男が成年後見人になったケースもあれば、弁護士・司法書士・行政書士などの法律家がなったケース、社会福祉士のような福祉の専門家がなったケースがあります。
　成年後見人等になると、本人の代わりに法律的な判断を迫られることもあるし、家庭裁判所へ報告する義務などもあるため、法律や事務的な業務に慣れていない家族が行おうとすると、かなり負担となる場合があります。そんな時には専門家に依頼する方が、家族の負担を軽減できます。
　実際に後見人を依頼するか否かはともかく、遺言や成年後見制度について詳しい専門家と普段から付き合っておき、「何かあったらこの法律家へ電話をしてほしい」などとエンディングノートに記しておけば、いざという時に対応が容易になるでしょう。

第5章

遺言書の作り方

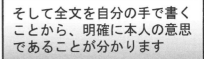

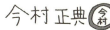

さらに署名と押印があれば、法的に有効な書面になります

認め印でいいけれど、シャチハタ印は印影が変形するので避けます

よく忘れられるのが作成年月日
ひとたび争いが起こると、これがないばかりに、無効になる危険があります

2014年 4月5日

元号でも、西暦でも、どちらでもOKです

さらにありがちなのが、パソコンやワープロで打ち出した遺言書

遺言解説書の例文が活字で書かれているため、間違えやすいのですが、無効です
全文を自筆で書く必要があります

財産といっても、細かいものがいっぱいあって、それを全部手書きするのは大変です

まあ、大きな財産が多種多様にある場合、ちょっとした書き間違いが大きな争いになるので、専門家に相談して、正確なものを作るべきです

ただ、「遺言書を作る」ということは、ある特定の人に「多く渡したい」とか「この物件を渡したい」という特別な意思表示をするということです

兄 100万　弟 200万

だから、ややこしくなりそうなら、「全財産の1/3を兄、2/3を弟」とか、「家は兄、現金は弟」とすれば、事細かに財産を記載しなくてもかまいません

要するに、金額や割合など、遺族（相続人）が分かりやすいように記しておけば良いのです

ちゃんとした遺言書が1枚あれば無用な争いは防げる

　本書はあくまでエンディングノートの解説書ですから、本来は遺言書の書き方まで踏み込むべき書籍ではありません。

　しかし、すでに述べてきたように、エンディングノートは「遺族へのお願い」という機能があって、遺言は「遺族への命令」みたいな機能があって、エンディングノートと遺言書をその機能によって使い分けるべきと私は提唱しています。

　だから中途半端な遺言書になってしまうくらいなら、最初から作らない方が無用な争いを生まずにすむし、遺言書が存在しなければ自動的に法定相続となりますので、お願いレベルの話ならエンディングノートだけ作成するのが無難です。

　だけど、それは「中途半端な遺言書になってしまうくらいなら」という究極の話であって、私は、すごく簡単で単純でいいから、便箋1枚で済むくらいの「ちゃんとした遺言書」を作成しておくべきだと思っています。

　詳細をお話しする前に、まずはこの遺言書を見てください。

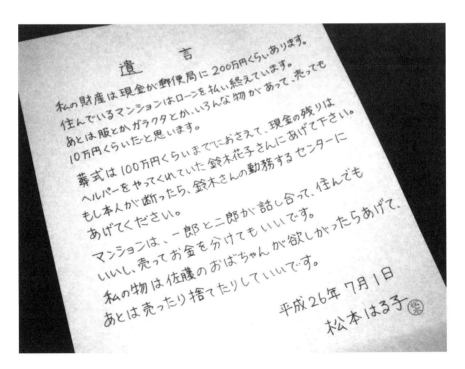

これは、遺言者である「松本はる子」が、自分の息子2人と、友人2人に財産を相続・遺贈したい旨が書かれています。すでに夫は他界しているという設定です。
　さて、この遺言書は、ちゃんとしているかどうか、分かりますか。
　実はこの遺言書は、ちゃんとしているように見えるものの、専門家がきちんと見た場合、または実際に争いが起こった場合には、絶対にツッコミを入れられることを想定して私が作成したものです。
　本人の筆跡で、すべて自筆で書かれていますから、本人が書いたものであることは間違いないとします。遺言書を善意に解釈すれば、何の問題もない書面だと思われますが、揉めた場合には、すごくややこしい問題に発展するおそれがあります。
　読みやすい方がいいと思いますので、遺言書の例文は下記の通り活字にしておきますが、実際に記入する際は自筆です。

遺　言

　私の財産は、現金が郵便局に200万円くらいあります。
　住んでいるマンションはローンを払い終えています。
　あとは服とかガラクタとか、いろんな物があって、売っても10万円くらいだと思います。
　葬式は100万円くらいまでにおさえて、現金の残りはヘルパーをやってくれていた鈴木花子さんにあげてください。
　もし本人が断ったら、鈴木さんの勤務するセンターにあげてください。
　マンションは、一郎と二郎が話し合って、住んでもいいし、売ってお金を分けてもいいです。
　私の物は佐藤のおばちゃんが欲しがったらあげて、あとは売ったり捨てたりしていいです。

　　　　　　　　　　　　　　　　　　　　　　平成26年7月1日
　　　　　　　　　　　　　　　　　　　　　　松本はる子　印

　この遺言書は、冒頭部分に財産目録が記載されているものと解釈できます。
・現金200万円がゆうちょ銀行にある
・現在居住しているマンション1軒を所有している
・その他、売却すれば10万円くらいの価値の動産などがある
　そしてそれら相続対象財産の分割方法について書かれています。
・現金から葬儀費用を差し引いた残金を鈴木花子さんかその職場に遺贈する

- 不動産は子の一郎と二郎が話し合いで所有または売却する
- 動産は佐藤のおばちゃんに遺贈し、その残りは一郎と二郎が相続する

　この遺言書に書かれている通り、現金が郵便局の口座にきっちり200万円あり、この松本はる子さんの住んでいるマンションが一軒であり、本当に住宅ローンを払い終えてあり、不審な抵当がついておらず、服やガラクタを売却したら本当に10万円となったら問題がないかもしれません。

　葬式がきちんと100万円の予算で行われ、現金が残れば問題ないかもしれません。

　鈴木花子さんという方が勤務する「センター」が、たった一つで、特定できるのなら問題がありません。

「私の物」が、本当に二束三文のガラクタだったら問題ありません。

「佐藤のおばちゃん」と特定できる人が1人であれば問題ありません。

　例えば、郵便局（ゆうちょ銀行）以外の、例えば信用金庫に1000万円もの残高のある口座が見つかった場合、葬式代100万円を差し引いた900万円を鈴木花子さんか、彼女の勤務する「センター」に遺贈しなければならないと解釈できます。

「ローンを払い終えたマンション」と書いてありますが、それはいわゆるマンションを買うときの住宅ローンであって、登記簿をよく見てみたら、どこかの金融機関の抵当権が設定してあったなんてことがあるかもしれません。昔、お世話になった人や、親戚に頼まれて連帯保証人になってしまい、実行されていない抵当権が残っている可能性もあるのです。

　佐藤のおばちゃんに渡す物の中に、ちょっと鑑定したら数百万円なんてお宝が含まれていることも皆無ではありませんよね。

　しかも、まだまだ問題があります。

　遺言書は普通、葬式が終わってから、家庭裁判所の検認手続きを経て見るものです。だから、この遺言書を見て、初めて葬儀にかかる費用が100万円と指定されていたことを知るなんてことがあります。

　現金が200万円しかないのに、葬儀費用が250万円も使ってしまった場合は赤字ですから、鈴木さんに渡すお金が無くなります。つまりこの遺言は実現不可能なことが書いてあるので、鈴木さんへの遺贈が無効になってしまいます。

それと、ヘルパーの鈴木さんが受け取りを拒んだ場合、勤め先の「センター」が複数あったらどうなるか。「センター」は正式名称ではなく、略称である可能性が高く、また、鈴木さんが派遣社員であった場合は派遣先と雇用主が違うなど、ややこしいことになりますね。
　また、「佐藤のおばちゃん」という呼称も、具体的に誰かが特定できればよいのですが、日本では「佐藤」という苗字はとても多いし、同じ佐藤家におばちゃんが複数同居していたらどうなるのか。「おばちゃん」と「おばあちゃん」がいた場合、血縁者としての「祖母」や「伯母」を区別しているのか、昔からの呼称「おばちゃん」なのかも分かりません。

　もちろん、松本はる子さんは、きっと「私の貯金は200万円くらいで、そのうち葬式に100万円使えば、残りの100万円は、お世話になった鈴木さんに貰ってほしい。不動産は売却すれば1000万円くらいになるから、息子たちが自由に処分すればいい。そういえば、佐藤のおばちゃん（佐藤塩子さん）は、私が昔買って飾っていた風景画を、ずいぶん気に入っていたので彼女に貰ってほしいな」という、善意を書き記したに違いありません。
　それなら、せめてこう書くべきでした。

遺　言

預貯金：郵便局約200万円
不動産：マンション（横浜市中区弁天通3-39-209）
動産：洋服、貴金属、絵画など、推定売却額計10万円

　私の預貯金から葬祭費用を控除し、残額が100万円以上ある場合は、鈴木花子に金100万円を、金100万円に満たない場合はその全額を遺贈する。鈴木花子が受け取りを拒んだ場合は、同額を横浜ヘルパー派遣センターに遺贈する。
　マンションについては、松本一郎と松本二郎に、それぞれ2分の1の割合で相続させる。
　動産のうち、絵画「横浜港の夏」を、佐藤塩子に遺贈する。
　その余の財産については、松本一郎と松本二郎に、それぞれ2分の1の割合で相続させる。

　　　　　　　　　　　　　　　　　　　　　　　平成26年7月1日
　　　　　　　　　　　　　　　　　　　　　　　松本はる子　印

要するに、仮に別の口座から1千万円の預貯金の存在が発覚しても、鈴木花子さんに対しては100万円を贈り、仮に50万円しか残らなければ、その50万円全額を贈るということです。佐藤塩子さんについては、佐藤さんが気に入っていた絵画をプレゼントすればよいのです。これでだいぶスッキリしましたが、鈴木さんが受け取りを拒んだ場合など、特殊なケースは書かなければいいのです。本当に遺品の多くが二束三文のガラクタなのであれば、「遺品整理の時には佐藤塩子さんにも分けてやって欲しい」と、遺言ではなくエンディングノートに書けばよい話です。

この他、人生というものは複雑なもので、先夫・先妻の子がいるとか、遺言認知したいとか、商売を継がせる条件を付与するとか、親族をひどい目に遭わせたあの次男だけには相続させたくないとか、いろいろな事情があると思います。

本書ではあえて「遺留分」とか「相続放棄」とか「遺産分割協議書」とか「遺言認知」など、法律実務に関する具体的なことにはほとんど触れていません。それは、本書がエンディングノートの入門書であるという理由と、そもそも遺言書は「素人が作れるシンプルなもの」か、「専門家に委ねるべきそれなりのもの」であると考えているからです。

ごく一般的な遺言なら、無難な書き方が記してあるものや、インターネットで入手できるひな型、またはコクヨの遺言書キットのようなものを買って来て作ればよいのですが、ただでさえややこしい人間関係・法律関係を書面にしたためるのは素人では大変なのです。

本書は、再三申し上げているように、「立つ鳥跡を濁さず」のためのノウハウを伝授する「エンディングノート入門」ですから、ややこしい人間関係・法律関係・特殊なリクエストが必要な遺言書を作りたいなら、本書の第6章などを参考に、法律家に相談してみるべきだと思います。

「法定相続でかまわない」と思うならそれを遺言書に書こう

実際問題として、法律の実務に詳しくない素人が、詳細に財産目録を作って遺言書に反映させるなんて難しいし、そもそも「遺言書」なんて大げさなものなんて書きたくありません。小難しい法律用語や堅苦しい文章を書かなければならないくらいなら、遺産はすべて「法定相続で分けてくれ」と思う方も多いと思いま

す。

「法定相続」とは、遺言書を作成しなかった場合や特に記載されなかった事項について、故人の財産を相続できる人と、相続できる割合を定めた、民法第900条に記載されている相続のことを指します。基本的に法定相続分を相続できるのは、本人の配偶者と子、そして親や兄弟姉妹です。

「大した財産もないし、婚外子なども特にいない。中途半端な財産で、下手に遺言なんか残すと揉めちゃうかもしれないし、遺言書なんか作るのは面倒だから、法定相続でやってくれ」

こう考えて、何もしない人も多くいます。確かに普通はそんなものか

相続人が配偶者と子の場合

配偶者が1/2、子が1/2。
子が複数の場合は、1/2を子の人数で平等に分割

相続人が配偶者と故人の親の場合

配偶者が2/3、親が1/3。
親が複数の場合は、1/3を親の数で平等に分割

相続人が配偶者と故人の兄弟の場合

配偶者が3/4、兄弟が1/4。
兄弟が複数の場合は、1/4を人数で平等に分割

もしれません。私も基本的にその考え方で十分だと思うし、法定相続の割合は極めて合理的だと思います。素人があれこれ考えて、結局、死後になって家族が揉めるくらいなら、遺言書なんて最初から書かなければいいのです。

ですから、民法にしたがって公平に遺産分割が行われるので、「その法定の割合でいいや」と思う人は、あえて遺言書を作らなくても構いません。

しかし、私は、それならそれで、そういう遺言書を1通作っておくと良いと思うのです。

> 遺言書
>
> 私の財産は、全て法定相続によって、相続させる。
>
> 　　　　　　　　　　以上
>
> 　　　　　　　平成26年7月1日
>
> 　　　　　　松本はる子 ㊞

　A4の紙を手に入れ、ボールペンと印章と朱肉を持ってきて、たったこれだけの文章を書いて、作成年月日と署名・押印します。

　でも、結局は「法定相続に従え」という意味なので、こんな遺言書、あろうとなかろうと、結果は同じです。

　しかし、「家族の誰かが特別に優越することなく、法律にしたがって、公平に分けなさい」という本人の意思は明確に伝わります。

　この遺言書があれば、第2章で紹介したような、「兄さんは大学へ行かせてもらったんだから」と言って減額を迫ったり、「私が母さんの世話をしたのだから」などと言って増額を迫ったり、または知らない人が押しかけてきて「はる子ちゃんは『このダイヤは私にくれる』って絶対に言ってた！」などと言い張ったりする人を防ぐことができます。

　そう、「私はすべて法定相続で相続させたい」という明確な意思を表示することによって、利害関係者の多くの雑音を消し去ることができるのです。この1枚があればすべてが丸く治まるというわけではありません。だけど、この1枚が存在することによって、一人だけ抜け駆けをしてでも余計に貰おうなんて、無用な争いを軽減させることができるのです。

　これだけの文章なら、便箋とペンと認め印と朱肉を用意すれば、10分もあれば書けますよね。

　何なら、封筒にも入れず、エンディングノートに貼り付けておけば、遺族があなたの持ち物を探しまくる必要もありません。

ちゃんとした遺言書を作りたい人は専門家に相談すべき

　自分の財産の処理の話なのだから、別に他人に頼まなくても、それなりの遺言書は自分でも書けます。
　ただ、遺言書は法律的な要素もあるので、書くべき財産を調べるかとか、推定相続人が誰なのかきちんと把握するといった作業もあります。これらは所有している不動産の登記簿謄本（履歴事項全部証明書）や関係者の戸籍謄本（戸籍全部事項証明）などを請求して調べるものですが、多角的な問題がないかどうかを調べたりするのには、それなりに法律実務に明るくないと、中途半端な調査内容になってしまうことがあります。
　もともと「自分の死後、遺族が揉めないように」と考えて遺言書を作るのに、その遺言書自体に記載されている事項が間違いだらけだったなんてことになると、さらに揉めてしまいますから、相続や遺言書に詳しい法律家に相談してみるというのが無難です。

自筆証書遺言の検認手続きは家庭裁判所で行う

　遺言書には、大きく分けて「公正証書遺言」と「自筆証書遺言」があります。
　公正証書遺言はすでに公証役場の公証人が証明してくれているため、特に家庭裁判所の検認手続きはいりませんが、自筆証書によるものは、家庭裁判所に持参して、それが遺言として認められるか否かについて判断してもらいます。

> 　遺言書（公正証書による遺言を除く。）の保管者又はこれを発見した相続人は、遺言者の死亡を知った後、遅滞なく遺言書を家庭裁判所に提出して、その「検認」を請求しなければなりません。また、封印のある遺言書は、家庭裁判所で相続人等の立会いの上開封しなければならないことになっています。
> 　検認とは，相続人に対し遺言の存在及びその内容を知らせるとともに、遺言書の形状、加除訂正の状態、日付、署名など検認の日現在における遺言書の内容を明確にして遺言書の偽造・変造を防止するための手続です。遺言の有効・無効を判断する手続ではありません。
>
> 　　　　　　　　　　　　　　　　　　　　　裁判所ホームページより
> http://www.courts.go.jp/saiban/syurui_kazi/kazi_06_17/index.html

この「検認手続き」は、裁判所に払う手数料や集める書類が多くなるものの、一般的には家庭裁判所の職員に聞きながら、遺族が比較的簡単に行えるものです。したがって、法律家のサポートがなくてもできるはずですが、その後に控える遺産分割に向けて、相談できる法律家を用意しておくとスムーズに手続きを進められるでしょう。

第6章

遺言・相続・成年後見制度に詳しい
全国行政書士一覧

さて、問題です！
あなたの前に現れたこの法律家は、信頼できる人でしょうか？

私たちはつい、こんな序列を作ってしまって上位の法律家が良いと思い込んでしまいます

だけど、どんな資格者も、偉い人も、地位の高い人も、悪いことをして捕まることがあります

弁護士を逮捕
3000万円横領容疑

行政書士が
非弁行為で…

税理士が
脱税指南で…

つまり、その資格が難関かどうかでもなければ、序列の上下でもなく、一個の人間として信頼できるかどうかではありませんか

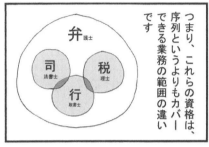

つまり、これらの資格は、序列というよりもカバーできる業務の範囲の違いです

弁護士は、たいていの法律関係の業務に対応できるオールマイティの法律家です

破産　刑事弁護　交渉事　訴訟　登記　書類作成

いろんな業務に対応できるからこそ、弁護士の作る法律文書は、ものすごくしっかり作られています

しかし、遺言書については、どんなにしっかり作ってあっても、不服に思う相続人がいたら、争いになります

偽造！　意思能力なし！　不当！

公正証書遺言だって、その作成日よりも後日の自筆証書遺言が1枚出てきたら、無効なのです

つまり、弁護士が書こうと、公正証書であろうと、「遺言書は常に争いになる可能性がある」ということを忘れてはいけません

…ということは、死の直前、意識がハッキリとした状態の遺言書が、本人の意思を表したものになります

★遺言書を作る機会は何度もある

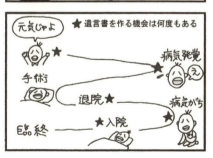

私なら、50万円の公正証書遺言より、専門家の10万円くらいのサポートで自筆の遺言を作り、毎年誕生日あたり、数万円で更新するくらいが、ちょうどいいんじゃないかと思っています

時と共に状況も変化するからね

でも、いざとなった時には、各種の法律家が連携するのが一番だと思います

いろんな専門があるからね

訴訟
不動産登記
相続税

だから、遺言書の作成そのものは、相続・遺言関係を専門とする行政書士で十分だと思っています

安いし
これは私松本の個人的意見です

本当に良い法律家は、いろんな士業、いろんな人たちとネットワークが豊富なのです

お金がかかるから「遺言書は作らない」という人が多数

　みなさんは「医者と弁護士は友人に持て」という格言を聞いたことはありませんか。

　医者は健康上のトラブル、弁護士は法律上のトラブルに特化したプロであることから、それらを友人として持てば、商売抜きで親身に相談に乗ってくれて、人生の悩み事の多くはこれで解決するといっても過言ではありません。

　一般に、医師については、「友人」とまではいかなくても、かかりつけのお医者さんがいるとか、医師ではないけれど、看護師などの医療従事者も含めれば、健康上の相談に乗ってくれる専門職は何人か見つけられる人も多いと思います。

　その一方で、「何でも相談できる弁護士の友人」とか、「かかりつけの弁護士」とか、そういう交遊関係を持っている人なんて、そうそういません。むしろ、弁護士とか裁判所というところに、一生に一度もお世話にならない人の方が多数なのではないかと思います。

　私こと松本は、法律関係の著書を有していることや、法律関連のボランティア活動を行っている関係から、面識のある弁護士は40人くらいいますし、そのうち実際にお金を払って事件を依頼したことのある弁護士は10人ほどいます。

　しかし、そんな私でも、山ほどいる弁護士の知り合いに、遺言書の作成を依頼しようと思ったことはありません。私の家族に遺言書を作成するよう進言したことや、弁護士に相談してみるよう勧めたこともありません。別に弁護士の商売を邪魔するつもりは毛頭ありませんが、弁護士に依頼すると、遺言書の起案だけでざっと20万円くらい請求され、公正証書にすると、いろんな手数料を含めてさらに10万円くらい加算されてしまうのです。

　例えば、不動産と預貯金合わせて3千万円くらいの財産があり、推定相続人が3人くらいの場合なら計30万円くらい、少し複雑なケースだと50万円くらいは必要になってくるはずです。特に今のところ、法定の相続割合を超えて相続させたい人もいない場合、わざわざ数十万円ものお金を払って遺言書を作成するまでもないと考える人も多いようです。現実に、この程度では遺言書を作成しない人も多いようです。

　一方、1億円を超えるであろう財産がある人にとっては、未然のトラブルを回避するために払う、「公正証書遺言書作成費用として約50万円」というのは、決

して高くはありません。訴訟になってから負担する弁護士費用に比べれば、わずか0.5％の支出なんて、利息か保険料のようなものと捉えれば、微々たるものでしょう。

しかし、あれこれかき集めても、1千万円に満たない財産の人にとっては、遺言なんてシステム自体、無縁なのは当然かもしれません。

それでも遺言書を作る意義

第2章で示したような事例、つまり、不動産を持っている訳ではなく、銀行預金などをかき集めても、せいぜい数百万円しかない人が、遺言書を作ろうとなったら、いくらかかるのでしょうか。

弁護士報酬は、あくまで自由に設定してよいものなので、人によって、あるいは地方によっての差はありますが、私が調査したところ、基本料金として「20万円」を設定しているところが多くありました。つまり、どんなに財産が少なくても、20万円、公正証書にしたら別に追加費用が必要となります。

300万円くらいしかない人にとって、弁護士費用で20万とか30万円は、極めて大きな支出で、単純に財産を減らしてしまうだけだから、こんな金額では遺言書を作ろうと思わないのです。「遺言書など残さなくても、どうせ法定の割合で相続されるのだから、あんまり考えなくてもいいや」と思う人が多いのもうなずけます。

だけど、私たちは「財産が少ないから遺言書は作成しなくてもいいや」と思う一方で、「私の葬式にはあの人を呼んでほしい」とか、「葬儀にはお金をかけず、質素にやってほしい」とか、「遺影にはあの写真を使ってほしい」といった希望を抱くことも多いのです。そして、遺族へのメッセージを残す方法について、遺言書に替わるものを思いつきます。

こうして、いつの間にか「エンディングノート」と呼ばれるものが登場しました。

確かに、遺言書を書き残すほどの財産は持っていないけれど、私の葬儀についてはこだわりを持ちたい。お世話になった人にメッセージを送りたい。私の生きた証を残しておきたいというのは、身分相応で身の丈に合った終末活動なのかもしれません。

そして、私たちは本書の第5章までで、弁護士などの法律家に頼ることなく、みなさんご自身でエンディングノートを作成して必要な書類をファイリングし、必要なら自分たちで成年後見人を選任して家庭裁判所に申請する方法を学び、また「自筆証書遺言」という名の、法律的に有効な文書を作成する方法まで学んできました。

　だけど、何もかも自分たちで調べて、穴のないものを作り出すことって難しいですよね。文学的に素晴らしい文章の書ける人でも、法律的な解釈に誤解の生じない文章を書くことは難しいものです。だから、エンディングノートで好きなだけ要望を書き、指示をしつつも、後で法律的に問題の起きそうな部分、すなわち大きなお金が動く部分については法律家に任せるべきだと思うのです。

葬儀にかけるお金を10％節約するだけで遺言書が作れる

　本書の中で、私は一般的な葬儀の費用は2～300万円と述べてきました。

　もし、あなたが一般的な葬儀を望む場合、例えばズバリ250万円の予算で葬儀を行うとするならば、その予算を10％だけ節約して、そのお金を遺言書の作成に使ってみたらどうかというのが、私からの率直なアドバイスです。つまり、お坊さんへのお布施等を含めた葬儀代金総額が250万円だとするなら、その金額を220万円くらいに抑えるよう、エンディングノートで指示し、節約できるはずの30万円を先に払って遺言書の作成予算にしてみてはどうかと思うのです。

　もちろん、所有している不動産や預金が多ければ多いほど、推定相続人の数が多ければ多いほど、法律家に支払う報酬は高くなりますし、公正証書にするとなると、それはまた別料金でかかります。

　だけど、「一般的な葬儀費用の1割」、つまり20～30万円くらいを限度に遺言の作成費用に充てたとしても、「あなたの死後に遺族がトラブルを被らないための保険料」として考えれば、安いものではないでしょうか。

この本に「行政書士」の一覧が掲載されている理由

　本書では、ちょっとした財産でもトラブルになってしまう例を示してきました。

数千万円単位の遺産分割なら、ドラマのネタになりそうな壮絶な遺産争いが起こっても仕方ないのかもしれません。骨肉の争いを演ずるだけの巨額の金が手に入るかもしれないのです。しかし、数百万円程度の遺産をめぐり、相続人1人100万円程度の金額をめぐり、トラブルになるのはすごくもったいないことではありませんか。そんなトラブルに発展することが分かっていたら、「生きているうちに全部使い切ってやるんだった」なんて思いを抱きそうです。

　遺言書を作成できる法律家といえば、弁護士、司法書士、行政書士、税理士などですが、この有資格者を説明したウェブサイトがあったので、以下のようにまとめてみました。

弁護士	・遺言作成においても最も信頼できる ・遺言内容や相続配分などで係争がおきた場合でも、当事者の代理として相手方との交渉もできる ・報酬が高い
司法書士	・報酬は弁護士よりも安い ・係争がおきた場合、簡裁訴訟代理権認定を受けた司法書士は、簡易裁判所事件において請求額140万円まででであれば代理人になれる ・相続対象になる不動産がない場合は遺言書作成の相談ができない
行政書士	・報酬は弁護士よりも安い ・係争の際は代理にはなれない
税理士	・報酬は弁護士よりも安い ・相続時に相続税の心配がある場合は税理士が無難 ・係争の際は代理にはなれない ・相続税の生前対策や事業承継まで相談できる

　　　　　小野修「行政書士、税理士、弁護士…遺言は誰に相談すべき？」より転載
　　　　　　　　http://allabout.co.jp/gm/gc/431641/

　この記事を、ざっくり解説するとこうなります。
　弁護士はいろんな法律をよく知っていて、係争に直接関われるので一番だけど報酬は高い。司法書士は限定的ながら弁護士のように係争に関われるが、遺言に不動産が絡まないと相談を受けることができない。行政書士は係争に関わることができないが、報酬が安い。税理士は行政書士と同様、係争に関わることはできないが、遺言書作成に当たり相続税などの相談が絡む場合に関わることができ、

かつ報酬が安いということになります。

ここでいう「係争」とは、この遺言書に関し、話し合いや訴訟が生じることを指し、代理人として相手方と交渉することを指します。

しかし、父親が依頼したA弁護士が遺言書の作成をサポートし、その遺言書が偽造であるなどの疑いがかけられ、相続人である息子2人の間で裁判沙汰になった場合、果たしてそのA弁護士がその争いにずっと関われるのかが疑問です。遺言書を作成してすぐに父親が亡くなったのならともかく、意外と長生きしたため、亡くなったのは数年後。しかし、当のA弁護士は既に別の事務所に移っていたなんてことはよくあります。いざという時に頼れる「かかりつけ弁護士」として付き合うなら良いのですが、顧問契約をする訳でもないのに、たった一度の遺言書作成で、ひとりの弁護士がずっと関わるというのは現実的ではありません。

次に司法書士です。不動産が絡む遺言書作成にしか関われない一方で、簡易裁判所における140万円以下の訴訟代理があるといっても、それは極めて稀なケースです。不動産をめぐる訴訟は、そもそも簡易裁判所では扱いませんので、認定司法書士であっても訴訟になった瞬間、その業務は弁護士に依頼するしかありません。つまり、「不動産登記などの専門知識が必要なときの遺言作成」にのみ頼れる存在かもしれません。

税理士に相談する場合、税金に関わる遺言というのも限定的です。なぜなら、相続税は基礎控除というものがあって、3000万円＋600万円×法定相続人の数となっています。

つまり、最初から合計1000万円や2000万円くらいの遺産となると、節税対策をするまでもないのです。ただし、金額が少なくても確定申告をする場合は税理士がついていた方が安心だし、税理士資格を有している人は同時に行政書士の資格も有しているため、行政書士会に登録をしている税理士は、同時に行政書士として業務を行うこともあります。

行政書士は、弁護士のように係争に関わることはできず、司法書士のように登記を行うことはできず、税理士のように税務申告に関連する業務はできません。しかし、遺言書作成そのものは、交渉や訴訟に関わるものではありませんし、作成時点では登記も税務申告も必要としませんから、特に制限なく遺言書を作成することが可能です。

結局のところ、行政書士は、安価な費用で、かつさまざまな状態に対応した遺言書を作成できるというメリットがあるのです。

こんな事情で、行政書士は訴訟や登記や税務申告に直接関与する業務ができませんが、それらに発展する業務だった場合は、状況に応じて弁護士・司法書士・税理士などに業務を振り分ければ問題ありません。行政書士の中には、自ら資格を複数有していたり、家族や仲間数人で司法書士や税理士と行政書士の資格を有し、合同で業務を行っている事務所もたくさんあります。

私は行政書士だけではなく、弁護士・公認会計士・弁理士・税理士・司法書士・社会保険労務士・海事代理士など、実に多様な士業の友人・知人がおりますが、他の士業との連携がうまいところは、必要に応じて顧客を紹介し合うなど、ギブ・アンド・テイクの関係がうまく成立しており、懸命な営業努力をしなくてもそれなりに顧客をシェアできるシステムを構築しています。

弁護士が何でも売っている大きなスーパーマーケットなら、行政書士・司法書士・税理士は専門性が異なる商品を販売している商店というイメージでしょうか。

必要なのは相続人が争わずに済む証拠を残しておくこと

本書のはしがきの部分で申し上げた通り、私は弁護士でもなければ、司法書士でもないし、行政書士でもありません。つまり、資格としては素人です。

しかし、私は今まで、数多くの訴訟に当事者として関わってきました。その大半が本人訴訟で、弁護士を活用せず、自ら書面を作成し、自ら法廷に出向き、自ら法廷で弁論し、証人を相手に質問したり、必要となれば相手の弁護士と和解交渉することもありました。

相手方はたいてい企業や個人でありましたが、大学（学校法人）を訴えたこともあるし、外国の企業や地方自治体を訴えたこと、そして弁護士を訴えたことまであります。

こうした訴訟には勝ったこともあるし、負けたこともあり、和解で終結したこと、横浜地裁では負けたけれど知的財産高等裁判所で逆転勝訴した事件は最高裁判例集にも掲載された事件（スメルゲット事件）まであります。

これらの本人訴訟を経験して、すごく身にしみたのは、「証拠が微妙なものや意思表示があいまいなもの、当事者が都合よく解釈できてしまう証拠の類は、揉め事の原因になり、訴訟に発展したら裁判官が判断しにくい」ということでした。

金を貸したら「相手方に金額と返済方法・期限・利息等を定めて借用書に署名

押印させて証拠を残す」というのは社会人であれば常識ですが、このような形式張ったことをしたくないばかりに、口約束で貸すから揉め事に発展するのです。

しかし、証拠さえ残しておけば、本書でいうならば、有効な形式に則った遺言書を作成し、エンディングノートという証拠を遺族に残しておけば、死後すぐに遺族が指示を見られるので葬祭業者に付け入るすきを与えることもなくなり、骨肉の争いにも回避できると私は考えています。

揉め事を解決するのも法律家の仕事です。しかし、その前に、揉め事に発展しないよう、法律的なサポートをしてあげるのも法律家の大切な仕事なのだと思います。

多くのエンディングノートには、「困ったときは法律家へ相談しなさい」と述べ、全国の弁護士会の電話番号が書かれています。だけど、弁護士会の代表番号に電話をして、本当に気の合う弁護士さんを派遣してくれるのか、信頼できる人なのか、適正価格で受けてくれるのかなど、私ならとても心配なのです。

もちろん、それは行政書士、司法書士、税理士だって同じです。

法律家の皆さんには申し訳ないけれど、資格を持っていることが、その人の仕事の質を保証しているわけではないのです。

だけど、本書に行政書士を掲載しているのは、ズバリ、弁護士よりも敷居が低く、安い報酬で依頼できるからであります。

本章で紹介する行政書士の中で、気になる人がいた場合、ぜひ切り取って、エンディングノートに貼り付けておいてください。きっとみなさんの強い味方となってくれるはずです。

本書に掲載されている法律家が、みなさんと出会い、「かかりつけ法律家」のような存在になれば幸甚です。

北海道
行政書士　北村 資暁（きたむら・もとあき）

登録番号第 05011124 号

行政書士北村資暁事務所

〒041-0812　北海道函館市昭和4丁目33番10号アメニ
　　　　　　ティコレクトピア
電話番号：0138-84-1223　　FAX番号：020-4669-7041
北海道行政書士会（平成17年登録）
主な業務：相続遺言、財産管理、遺品整理、所在調査他。
その他の業務：各種許認可、法人設立、車庫・自動車登録他。
ホームページ　http://beicun.fc2web.com/office1.html
備考：函館市を拠点に道南で活動しております。DNA鑑定立会、所在調査（探偵業届出済）等の特殊な分野も含め幅広くご相談に応じ管内どこにでも参上いたしますので、お気軽にご相談ください。

北海道
行政書士　髙橋 正利（たかはし・まさとし）

登録番号第 79010989 号

行政書士髙橋正利事務所

〒079-8414　北海道旭川市永山4条16丁目1番5号
電話番号：0166-47-3066　　FAX番号：0166-47-3613
北海道行政書士会（昭和54年登録）
主な業務：遺言書作成支援・遺産分割協議書、離婚協議書作成相談。
その他の業務：交通事故相談・建設業許可申請・車庫証明申請。
ホームページ：http://gyouseishoshi-lawyer.com/
備考：当事務所は「親の思いを受け止めたい、子供への思いを残したい、新しいスタートをきりたい、そんなあなたの思いを受け止めてお手伝をいたします」これを基本方針として皆様からのご相談をお待ちしています。

宮城県

行政書士 藤原 尚彦 （ふじわら・なおひこ）

登録番号第 98066565 号

行政書士法人地域交通プラネッツ
遺言・相続・成年後見担当

〒983-0034　宮城県仙台市宮城野区扇町3-2-25扇町みちのくビル
電話番号：022-231-2370　　FAX番号：022-284-6120
宮城県行政書士会（平成10年登録）
主な業務：遺言・相続・成年後見を含む権利関係法務全般。
その他の業務：貨物・旅客運送事業，建設・産廃処理業。
ホームページ：http://ck-planets.jp/
備考：全国から自動車登録・車庫証明業務をお引き受けしている行政書士法人です。相続手続きでは，税理士・司法書士等との連携による総合支援を可能としております。（一社）コスモス成年後見サポートセンター会員。

秋田県

行政書士 守田 稔 （もりた・みのる）

登録番号第 09020414 号

守田行政書士事務所

〒010-0042　秋田県秋田市桜4-13-18
電話番号：018-836-9335　　FAX番号：018-836-9335
秋田県行政書士会（平成21年登録）
主な業務：相続手続・遺言書作成・事業承継等の相談。
その他の業務：ライフデザインの作成・年金・不動産等の相談。
ホームページ：http://www.gyosei-morita.com/
備考：常に相談者目線でお話をお聞きし、今、最も関心の高い、相続・遺言・相続事業承継等の外、FP・宅建主任者の資格も活用して、ライフプランニング等、幅広く対応できます。どうぞ、お声かけください。

山形県
行政書士 東海林 壽一（とうかいりん・としかず）
登録番号第 83070352 号

東海林 壽一行政書士事務所

〒990-0041　山形県山形市緑町1丁目5-55
電話番号：023-633-1452　FAX番号：023-633-1716
山形県行政書士会（昭和58年登録）
主な業務：遺言書の起案・作成指導、相続財産の調査、相続人の調査・戸籍謄本等の代行取得、遺言執行手続き、相続関係説明図の作成、遺産分割協議書の作成、各金融機関の相続手続。
その他の業務：農地転用許可申請、開発許可申請、アパート・マンション・貸事務所、貸店舗等の建築による長期事業収支計画書の作成、不動産有効利用のコンサルティング、不動産売買契約書、定期借地権等の覚書・契約書・内容証明書の作成。
ホームページ：http://nttbj.itp.ne.jp/0236331452/
備考：愛するご家族のために、「知って得する相続対策」、「知らぬと損する相続税」、「相続が争族にならないために」、「資産家が悲惨家にならないために」。

茨城県
行政書士 森木 孝司（もりき・たかし）
登録番号第 07111495 号

森木行政書士事務所

〒305-0003　茨城県つくば市桜3-28-13
電話番号：：029-850-6004　FAX番号：029-850-6005
茨城県行政書士会（平成19年登録）
主な業務：相続手続、遺言書作成、成年後見。
その他の業務：介護＆障がい者福祉事業所設立運営支援等。
ホームページ：http://www.moriki-office.com/
備考：初回無料相談実施中です。外国人の採用・ビザ・永住・帰化申請及びNPO法人・一般社団法人等の設立運営等にも対応いたします。

茨城県
行政書士　磯野 敦義（いその・あつよし）

登録番号第 04111932 号

行政書士　磯野法務事務所

〒310-0811　茨城県水戸市東桜川1-29
電話番号：029-233-2233
FAX番号：029-233-2361
茨城県行政書士会（平成16年登録）
主な業務：相続、遺言書作成、相続対策相談。
その他の業務：離婚、交通事故、会社法人設立・運営、許認可申請。
ホームページ：http://www.isono-houmu.jimusho.jp/
備考：ファイナンシャルプランナー、確定拠出年金アドバイザー資格あり。司法書士、税理士その他の専門職と連携しワンストップサービスを提供しております。困ったことは当事務所にすぐご相談ください。

栃木県
行政書士　川田 有美（かわだ・ゆみ）

登録番号第 07120434 号

行政書士　川田事務所

〒327-0044　栃木県佐野市下羽田町763-3
電話番号：0283-22-0044　　FAX番号：0283-22-0044
栃木県行政書士会（平成19年登録）
主な業務：相続、遺言、遺産分割。
その他の業務：夫婦問題・離婚相談、自動車登録・車庫証明、内容証明、外国人・在留資格、許可・認可・届出等。
ホームページ：http://www.kawada-office.net/
備考：当事務所では、私をはじめ、男性スタッフ・女性スタッフがおりますので、ご相談の内容に応じて、きめ細かいサービスが可能です。ぜひ、お気軽にご相談ください。

埼玉県

行政書士／社会保険労務士　山下 清徳（やました・きよのり）

登録番号第 13130540 号

山下行政・労務コンサルティング
山下行政書士事務所

〒330-0845　埼玉県さいたま市大宮区仲町3-105 千鳥ビル5F

電話番号：048-856-9342　　FAX番号：048-856-9304

埼玉県行政書士会大宮支部（平成25年登録）

主な業務：相続、遺言相談、成年後見、シニアライフプラン作成。

その他の業務：会社設立、労務問題対応、事業再生。

ホームページ：http://yamashitaconsulting.com

備考：相続税セミナーを多数開催、相続案件コンサル実績も多数。お客様に役立つコンサルを第一に考えます。「面白おかしく相続」（仮称）本を出筆中です。年金委員や大学での講義も行っています。

埼玉県

行政書士　小林 秀樹（こばやし・ひでき）

登録番号第 09131843 号

こばやし行政書士事務所

〒334-0073　埼玉県川口市赤井１２６８-８

電話番号：048-235-6799　　FAX番号：048-235-6799

埼玉県行政書士会川口支部（平成２１年登録）

主な業務：遺言書作成、相続手続（遺産分割協議書作成、相続財産目録作成、相続関係図作成）。

その他の業務：内容証明郵便、運転代行業申請、車庫証明申請等。

ホームページ：http://www.isannbunnkatu.jp/

備考：不動産業も20年の経験があり、不動産売買にも精通しております。評価額だけでなく利用価値も考えながら、遺産分割や遺言の相談を受けさせて頂いております。司法書士、税理士との提携も有ります。

[東京都]
行政書士／社会保険労務士　**小林 富佐子**（こばやし・ふさこ）
登録番号第 02082184 号

小林マネジメントサービス

〒152-0035　東京都目黒区自由が丘1－22－21ペルレ自由が丘206
電話番号：03-5729-7322　　FAX番号：03-5729-7324
東京都行政書士会目黒支部（平成14年登録）
主な業務：相続相談、遺言書作成。
その他の業務：契約書作成、労務コンサル、助成金申請。
ホームページ　http://k-m-s.biz/
備考：産業カウンセラー、PHP認定ビジネスコーチ、メンタル法務主任者、メンタルウェルネストレーニングインストラクター。社会保険労務士会目黒支部長、商工会議所目黒支部理事。

[東京都]
行政書士　**佐藤 健人**（さとう・たけと）
登録番号第 10080375 号

自由が丘行政書士事務所

〒160-0023　東京都新宿区西新宿7－17－14 新宿シティ源共同ビル5F
電話番号：03-3366-3975　　FAX 番号：03-3369-3469
東京都行政書士会（平成22年登録）
主な業務：遺言書作成、遺言執行、相続手続、成年後見。
その他の業務：ライフプランニング、保険を活用した相続コンサルティング、資産運用。
ホームページ http://www.jiyugaoka-office.com/
備考：遺言書の作成・保管、遺言執行まで行う遺言信託サービスに特化。税理士、弁護士と連携して総合的な対応が可能。保険を活用した総合的な相続・遺言コンサルと、「おひとり様相続コンシェルジュ」が好評。

東京都	登録番号第 03080402 号

行政書士／心理カウンセラー　大松 香織（おおまつ・かおり）

行政書士おおまつ事務所

〒144-0133　東京都大田区東糀谷1-5-15
電話番号：03-6759-0996　　FAX番号：03-6321-7633
東京都行政書士会　大田支部（平成15年登録）
主な業務：相続、遺言、成年後見。
その他の業務：離婚相談、夫婦カウンセリング。
ホームページ　http://omatsuk.com/
備考：家族法務の専門です。法務知識で問題を解決するだけでなく、親子・夫婦関係の不安や悩みにも耳を傾け癒します。あなたの理想の未来を実現するための書類を作成し、心からの笑顔でこれからの人生を歩んでいくお手伝いをいたします。

東京都	登録番号第 09082123 号

行政書士　齋藤 昭子（さいとう・あきこ）

行政書士法務サポート東京

〒179-0075　東京都練馬区高松5-4-6
電話番号：050-3518-1111　　FAX番号：03-6913-1180
東京都行政書士会（平成21年登録）
主な業務：遺言書のご相談・作成。
その他の業務：相続の手続き、財産管理等の委任業務、任意後見業務。
ホームページ　http://yuigon.akiko-office.com/
備考：遺言書サポートの専門です。あなたの将来に不安を残さないよう財産管理や任意後見の問題にも対応します。弁護士、司法書士、税理士、社会保険労務士等と連携しワンストップサービスでの解決が可能。心が通う身近な専門家として、最良の結果が出せるよう親身・丁寧がモットーです。あなたの思いを大切にお守りする「幸せになれる遺言書」を作れるよう取り組みます。

神奈川県
行政書士 今村 正典（いまむら・まさのり）

登録番号第 00090012 号

のぞみ合同事務所

〒252-0303　神奈川県相模原市南区相模大野8－2－6
　　　　　　第一島ビル4階
電話番号：042-701-3010　FAX番号：042-701-3011
神奈川県行政書士会相模原支部（平成12年登録）
主な業務：相続相談。
その他の業務：企業コンプライアンス支援、海外進出支援等。
ホームページ　http://thefirm.jp/
備考：法務やコンプライアンスに関係する疑問やお悩みなどを、いつでも電話や電子メール等でご相談いただくサービスを行っています。士業関係者はもとより、様々なネットワークをフル活用して、お応えします。

神奈川県
行政書士 熊谷 一男（くまがい・かずお）

登録番号第 07090187 号

熊谷一男行政書士事務所

〒259-1114　神奈川県伊勢原市高森3－4－10
電話番号：0463-93-7541　　FAX番号：0463-93-7541
神奈川県行政書士会（平成19年登録）
主な業務：相続相談、遺産整理、遺言書作成、成年後見。
その他の業務：各種許認可業務等。
ホームページ：http://www.k4.dion.ne.jp/~kkumagai/
備考：伊勢原市都市計画審議会会長、同下水道審議会副会長等を歴任。地域の「街づくりの会」の代表として現在も活動しております。信頼と安心を大切に皆様と行政との懸け橋になりたいと思います。

神奈川県
行政書士　川田 順一（かわた・じゅんいち）

登録番号第 11091516 号

川田行政書士事務所

〒247-0055　神奈川県鎌倉市小袋谷1-9-12
電話番号：0467-53-7025　　FAX番号：0467-53-7026
神奈川県行政書士会（平成23年登録）
主な業務：遺言、相続、成年後見。
その他の業務：会社・法人設立、古物商、建設業等。
ホームページ　http://gshoshi-kawata.sakura.ne.jp/
備考：団塊の世代の一員です。エンディングノートは他人事ではありません。両親の世話や見送りもし、お墓捜しや墓地の改葬も経験しました。認知症のお年寄りの成年後見人もしています。お役に立てると確信しています。

新潟県
行政書士　五十嵐 茂明（いがらし・しげあき）

登録番号第 08181803 号

石山行政書士事務所

〒950-0852　新潟県新潟市東区石山4-1-7
電話番号：090-3107-0729　　FAX番号：025-333-0560
新潟県行政書士会（平成20年登録）
主な業務：相続手続、遺言書作成、家族信託等の相談。
その他の業務：内容証明郵便等の相談。
ホームページ：http://www7.ocn.ne.jp/~yukayuka/
備考：老人会・婦人会・町内会様の集会等にお伺いして「落語で学ぶ終活エンディングノート」の講座を開催いたします。数人の小さな集まりから数十人の集会まで、お気軽にお問い合わせください。

新潟県
行政書士 南 直人 (みなみ・なおと)

登録番号第 92180495 号

南行政書士事務所

〒950-0885　新潟県新潟市東区下木戸1－4－1　東区役所地下1階

電話番号：025-272-1390　　FAX番号：025-288-5705
新潟県行政書士会（平成4年登録）
主な業務：相続相談、遺言書作成、成年後見。
その他の業務：外国人在留手続、会社設立、許認可、自動車。
ホームページ　http://minavisa.net/
備考：新潟での遺産相続、遺言書作成、成年後見専門事務所【無料相談受付中】東区役所地下1階事務所、300台無料駐車場＊遺言書作成依頼の方には、オリジナルエンディングノートプレゼント。

長野県
行政書士 小池 義一 (こいけ・よしかず)

登録番号第 10151410 号

小池義一行政書士事務所

〒391-0001　長野県茅野市ちの236番地7
電話番号：0266-72-5240　　FAX番号：0266-72-3715
長野県行政書士会諏訪支部（平成22年登録）
主な業務：相続相談、遺言書作成、成年後見など。
その他の業務：農地転用、総合法務。
備考：立命館大学法学部卒業。趣味　陶芸、バンド、カヌー、登山等。昭和51年から地元でカフェを経営。飲食店組合長の他茅野市主任児童委員等歴任、現在諏訪食品衛生協会長、長野県食品衛生協会副会長。

静岡県
行政書士 清水 啓一朗 （しみず・けいいちろう）

登録番号第 10171241 号

しみず行政書士事務所

〒418-0001　静岡県富士宮市万野原新田3342番地の1
電話番号：0544-29-6355　　FAX番号：0544-29-7275
静岡県行政書士会（平成22年登録）
主な業務：相続手続、遺言書作成、成年後見など。
その他の業務：各種許認可申請、法人設立、内容証明作成。
ホームページ　http://www.shimizu-gloffice.com/
備考：富士宮市の社会福祉協議会、公民館等が主催する介護教室や教養講座で、相続・遺言、成年後見の講習会講師を毎年5件前後務めています。また、相続診断士として、相続に備える為の準備についても、ご相談に応じています。

愛知県
行政書士 松久 久雄 （まつひさ・ひさお）

登録番号第 10190051 号

行政書士松久法務事務所

〒483-8331　愛知県江南市古知野町高瀬55番地2
電話番号：0587-74-3422　　FAX番号：0587-53-0789
愛知県行政書士会（平成22年登録）
主な業務：遺言書作成、相続手続き、成年後見。
その他の業務：離婚協議書作成、車庫証明等。
ホームページ　http://www.matsuhisa-houmu.com/
備考：ご相談は、ご都合の良い場所に伺います。司法書士との連携により、不動産登記も対応可能。※遺言書作成ご依頼の方には、オリジナルエンディングノートを差し上げます。

愛知県
行政書士　大加　一紀（おおか・いつき）

登録番号第 11190189 号

代書業・おほか行政書士事務所

〒480-0304　愛知県春日井市神屋町2298－447
電話番号：0568-93-9079　　FAX番号：0568-93-9079
愛知県行政書士会尾張支部（平成23年登録）
主な業務：終活支援、遺言書作成、相続手続き。
その他の業務：自分史作成サポート。
ホームページ：http://3rd.geocities.jp/gerjap55/
備考：14年前の交通事故で身体障害者になりました。4年前に父親を介護・看取りをして、様々な体験をさせていただきました。昨年から少々体調を崩し小回りがききませんが、同年代としての経験と体験を活かしてお役に立てると存じます。

愛知県
行政書士　髙井　康弘（たかい・やすひろ）

登録番号第 13191396 号

髙井行政書士事務所

〒452-0812　愛知県名古屋市西区玉池町275番地
　　　　　　ソレイユNO.1-202号
電話番号：052-502-5056　　FAX番号：052-502-5056
愛知県行政書士会　西北支部（平成25年登録）
主な業務：相続関係・遺言書作成、終活支援など。
その他の業務：各種許認可の申請、法人設立など。
ホームページ　http://office-takai.jp
備考：名鉄犬山線上小田井駅徒歩10分。ショッピングモールmozoの近くです。お買い物帰りにお気軽にお立ち寄りください。税理士・司法書士との業務提携により、相続税や相続登記にも対応致します。

| 愛知県 | 登録番号第 03192153 号 |

行政書士／司法書士　横田 公一（よこた・こういち）

あおぎり司法書士法人・行政書士事務所

〒491-0858　愛知県一宮市栄1-6-8 タツミヤビル1階
電話番号：0586-26-1885　　FAX番号：0586-26-1887
愛知県行政書士会（平成15年登録）
主な業務：相続、遺言。
その他の業務：不動産登記、商業登記。
ホームページ　http://youroffice.jp/
備考：転ばぬ先の杖、転んだあとの松葉づえ。お気軽に
ご相談ください。

| 愛知県 | 登録番号第 9819538 号 |

行政書士／税理士　佐藤 知広（さとう・ともひろ）

佐藤会計事務所

〒478-0001　愛知県知多市八幡字笹廻間12-191
電話番号：0562-35-0967　　FAX番号：0562-35-0968
愛知県行政書士会（平成10年登録）
主な業務：相続税対策　相続税申告手続き、遺産分割協
議、登記手続、名義変更、遺言書作成。
その他の業務：税務・会計、独立・開業等。
ホームページ　http://www.sato-kaikei.com/
備考：資産税（相続、贈与、譲渡）に関するあらゆるご
相談から申告書の作成まで、頼れる専門家に一度ご相談
ください。

大阪府
行政書士／税理士 辰野 元祥 (たつの・もとよし)

登録番号第 13262371 号

辰野元祥税理士・行政書士事務所

〒546-0003　大阪府大阪市東住吉区今川2丁目14番13号
電話番号：06-6777-6145　　FAX番号：06-6702-6145
大阪府行政書士会阿倍野支部（平成25年登録）
主な業務：相続手続き、相続税申告、遺言書作成。
その他の業務：生前贈与、節税対策、会社設立。
ホームページ：http://www.tatsunozeirisi.jp/
備考：当事務所が選ばれる3つの理由。特徴1．経験豊富な相続の専門家が煩雑な作業をすべて代行！　特徴2．地域密着型なので安心！　特徴3．相続税の申告が発生した場合は無償で相続手続きをサポート！

大阪府
行政書士／税理士 岩田 志郎 (いわた・しろう)

登録番号第 06261098 号

岩田行政書士事務所

〒581-0851　大阪府八尾市上尾町2-10
電話番号：072-921-5657　　FAX番号：072-998-9636
大阪府行政書士会（平成18年登録）
主な業務：相続・贈与税申告　＋相続全般、成年後見。
その他の業務：税理士業務（税務・会計）FP業務（生活設計）。
ホームページ　http://nttbj.itp.ne.jp/0729215657/
備考：相続QQ隊（税理士、弁護士、司法書士等連携チーム）を組織。相続に関することはワンストップで解決します。窓口が一つなので"安い"、"早い"、"正確"がウリです。

大阪府
行政書士／司法書士　谷隈 健二（やぐま・けんじ）

登録番号第 10260062 号

司法書士・行政書士よどがわ事務所

〒533-0005　大阪府大阪市東淀川区瑞光1－3－12 明徳ビル205号
電話番号：06-6326-4970　　FAX番号：06-6379-3990
大阪府行政書士会（平成22年登録）
主な業務：相続相談、遺言書作成、成年後見等。
その他の業務：遺産分割協議書、内容証明等の法律書類作成。
ホームページ　http://shiho-shoshi.asia/
備考：阪急上新庄駅より徒歩3分。大阪大学法学部卒。

司法書士資格も有しておりますので、成年後見に関するご相談や不動産がからんだ複雑な相続相談や相続発生後の不動産の名義変更も対応可。まずはお気軽にお電話下さい！

大阪府
行政書士　平山 裕一（ひらやま・ゆういち）

登録番号第 12261628 号

平山行政書士事務所

〒546-0012　大阪府大阪市東住吉区中野4－12－7 湯里ハイツ103号
電話番号：06-6777-9717　　FAX番号：06-6777-9719
大阪府行政書士会（平成24年登録）
主な業務：相続相談、遺言書作成等。
その他の業務：各種許認可・法人設立等。
ホームページ　http://www.sozoku-h.com/
備考：お客様の「誰に相談していいのかわからない」を解消するため、相続に関して税理士・司法書士・社会保

険労務士・土地家屋調査士等と連携し、ワンストップサービスの構築をはかっております。

大阪府

行政書士　泉井 亮太（いずい・りょうた）

登録番号第 12262289 号

泉井行政書士事務所

〒540-0036　大阪府大阪市中央区船越町１−６−２ アズタビル６階
電話番号：06-6809-7545　FAX番号：06-6809-7546
大阪府行政書士会（平成24年登録）
主な業務：遺言書作成、相続手続、任意後見等。
その他の業務：総合法務。
ホームページ：http://www.osakasouzoku.jp/
備考：税理士の妻と連携して、税金面も考慮した上での提案を行っています。またご相談には十分な時間をとってお話を伺い、遺言者様のお気持ちが最大限ご家族等に伝わる最高の遺言となることを目指しています。

兵庫県

行政書士　山本 眞雄（やまもと・まさお）

登録番号第 12300589 号

山本行政書士事務所

〒673-0037　兵庫県明石市貴崎５丁目９−58−304
電話番号：078-939-5569　　FAX番号：078-939-6578
兵庫県行政書士会（平成２４年登録）
主な業務：相続問題、遺言書作成、成年後見。
その他の業務：離婚問題、財産管理契約、見守り契約。
ホームページ：http://www.yamamoto-gyosei.com/
備考：上記業務以外にも様々な案件のご相談に応じます。また企業様向け事案（法人設立・建設業許可・飲食店風俗店許可など）もお任せください。相談料は無料です！お気軽にお問い合わせください。

―― キリトリ ――

岡山県
行政書士 秋間 丈佳 (あきま・たけよし)

登録番号第 13332210 号

秋間行政書士事務所

〒710-0833　岡山県倉敷市西中新田222－32
電話番号：090-8990-5481　　FAX番号：086-426-5481
岡山県行政書士会（平成25年登録）
主な業務：相続相談・遺言書作成支援。
その他の業務：各種許認可、建設業、法人設立。
ホームページ　http://souzoku-mondai.jp/detail/6520/
備考：相続法務指導員。相続に附随の、不動産移転登記・相続税対応に必要な、司法書士・税理士との連携もご安心ください。不要な争いを避ける相続をお考えならば、迷わずご一報を!!

―― キリトリ ――

広島県
行政書士 山本 重吉 (やまもと・しげよし)

登録番号第 79340533 号

行政書士法人アッパーリンク

〒733-0036　広島県広島市西区観音新町2丁目4番25号
　　　　　　第一菱興ビル2階
電話番号：082-503-3697　　FAX番号：082-503-3699
広島県行政書士会（昭和54年登録）
主な業務:遺言書作成、相続手続き一切、成年後見人受託等。
その他の業務：各種許認可、会社設立、企業支援、幸福生活支援。
ホームページ：http://hassin.net/
備考：広島市西区、広島運輸支局のそばで、法人化から8年、開業から35年。弁護士・司法書士、税理士、社会保険労務士等の他士業との連携により、経営者及び個人の幸福生活に寄与しております。

―― キリトリ ――

大分県
行政書士　佐藤 茂敏（さとう・しげとし）

登録番号第 89440857 号

行政書士佐藤茂敏事務所

〒874-0839　大分県別府市南立石一区2組サンシティー
　　　　　　紅葉坂
電話番号：0977-25-8100　　FAX番号：0977-23-3613
大分県行政書士会（平成元年登録）
主な業務：相続相談、遺言書作成、遺産分割協議書作成。
その他の業務：建設業、宅建業。
備考：相続対策専門士、一級建築士、宅建主任者等の資格を有し、もっぱら不動産関係で活躍。元大分家庭裁判所参与員、同家事調停委員、元別府簡易裁判所司法委員、同民事調停委員を歴任した豊富な経験等を生かしています。

沖縄県
行政書士　玉城 雅夫（たましろ・まさお）

登録番号第 13471979 号

玉城雅夫行政書士事務所

〒901-0361　沖縄県糸満市糸満1942 - 19 - 1F
電話番号：098-851-8752　　FAX番号：098-851-8753
沖縄県行政書士会（平成25年登録）
主な業務：相続・成年後見・遺言書作成。
その他の業務：農地法申請、業務・各種許認可。
備考：糸満市商工会事務所徒歩2分。司法書士との連携により、不動産登記も対応可能。相続についての相談もできます。

あとがき

　この「エンディングノート入門」をお読みいただいて、いかがだったでしょうか。
　書店で売られているエンディングノートとは、だいぶ違っているので、びっくりされた方もいるかもしれません。
　この本は、冒頭から申し上げている通り、一貫して「自分が死んだ後、絶対に揉め事は起こさない」ということを前提に書かせていただきました。
　エンディングノートを使って遺族に熱いメッセージを贈るというのも悪くはありません。だけど、「葬儀はここの業者さんで、お坊さんへの御布施・戒名は30万円、葬儀費用は120万円」と、予算をきちんと決めておく方が、「葬儀で迷惑をかけにたくない」という明確なメッセージが遺族に伝わるのではないでしょうか。
　「法律家と懇意にしましょう」と言って、弁護士会の代表電話番号を記すだけのエンディングノートや冠婚葬祭本よりも、具体的に遺言・相続・成年後見制度に詳しい全国の法律家に協力を仰ぎ、実際に掲載するというのも悪くはないと思いました。
　こういう考え方、各種の資料を組み合わせて、ぜひ活用していただけたらと存じます。

　最後に、みなさんの中で、重篤な病にかかっている方、闘病中の方、または余命宣告を受けて、静かに死を迎えようとしている方には、特に申し上げたいことがあります。
　私はみなさんに、ぜひとも長生きをしてほしいのであります。
　我が国は「少子高齢化社会」と言われ、高齢者に対する医療費や福祉に投入する費用がものすごくかかっており、国民年金の財源が枯渇するなどとも言われています。だから、安易に「高齢者は早く死ねばいい」と主張をする人がいたり、

あからさまには言わなくても、高齢者の人口分布を問題視するような発言を行う識者がいたりします。

しかし、私は子どもが少ないからこそ、高齢者はもっと長生きをして、たくさん年金を受給し、医療サービスや福祉サービスをもっと利用すればいいのだと思っています。

なぜなら、みなさんが長生きすることで、医療や福祉にかかわる産業が潤い、受給された年金を使うことで、経済が回るのです。

若者が少ないから、大学は中高年の者を受け入れるようになり、病院も高齢者向けの医療を充実させています。老人ホームの類は経済全体が悪化していても成長産業ですし、高齢者のおかげで経営が成り立っている大学も多くあります。

その一方で、我が国の経済を停滞させてしまっている要因の一つには、数億円とか数十億円もの資産を、海外の金融機関で運用する人々がいることです。国内の銀行に預けておけば、そのお金が銀行の預金準備比率を上げるため、銀行は企業に融資しやすくなるものなのですが、税金逃れや資産運用のために海外へ持って行かれると、国益を考えればデメリットしかありません。

つまり、みなさんは生きて、この国で生活しているだけでこの国の宝であり、経済を活性化させる原動力の一部なのであります。

ですから、「もうたっぷり生きたから、そろそろお迎えが来るのを待っている」なんて人に対し、私は「もっと生きて、タンス預金をどんどん使っちゃえ」と言います。「末期のガンで余命を告げられた」なんて人には、乳酸菌生産物質（免疫乳酸酵素）を飲んで5年でも10年でも長生きするよう求めます。そして「年金収入が年120万円」なんて人には、「もう5年生きられれば600万円の収入があって、それがそのまま経済効果になるのだから、それが国益になるのだからがんばれ」と進言します。孫のいる人なら、一緒にお出かけしたり、玩具を買い与えたりすれば、これも少子化で傾いた業界を支えることになります。とにかく、みなさんが生きてさえいれば、そしてお金を回しさえすれば、それだけで世のため人のため、そして国のためになるのです。

そして法律家のみなさんにお金を使っていただければ、我が国の司法制度や民主主義社会の拡充に、少しだけ寄与したことになるのです。

みなさん、エンディングノートや遺言書を用意しても、当分死なないためのお守りくらいのイメージで長生きしてください。そして健康と長寿のノウハウを世界に発信できるような、気分で人生を楽しんでくださいませ。

最後に、本書の作成にあたり、ご協力いただいた多くの行政書士のみなさん、そして監修者の今村正典行政書士、企画段階から様々なご意見を頂戴したオクムラ書店の編集のＥさんに心から感謝したいと思います。

2015年2月吉日

　最後に自主制作版ＤＶＤのお知らせです。

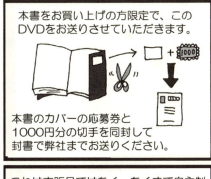

　「DVDでよくわかる特別収録　エンディングノート入門」は市販していません。必ず本書カバーの応募券と1000円分の郵便切手（券種は自由）を同封願います。

身近な行政書士を見つけよう
http://gyosei-law.com/

QRコード

著者

松本肇(まつもと・はじめ)

1970年、神奈川県川崎市生まれ。リーガルアドバイザー、教育ジャーナリスト。

よみうり日本テレビ文化センター「自分でできる民事訴訟」講師を経て、有限会社トライアルコーポレーション代表取締役。インターネット番組「トライアルTV」を主宰。

神奈川大学法学部卒業、神奈川大学大学院法学研究科博士前期課程修了。日本福祉大学福祉経営学部卒業。東京大学大学院教育学研究科(総合教育科学専攻教育社会科学専修)大学経営・政策コース(科目等履修生)2単位修得済退学。

原告として著作権訴訟で勝訴した「スメルゲット事件」が著作権法判例百選(第4版)に掲載(本人訴訟)。

やじうまテレビ(テレビ朝日)、オトナへのトビラTV(NHK)、ZIP!(日本テレビ)、ノンストップ(フジテレビ)、ちちんぷいぷい(毎日放送)、月曜から夜ふかし(日本テレビ)、TOKYO MORNING RADIO(J-wave)、TIME LINE(東京FM)、はまっこストリーム(横浜市民放送局)など、各種放送番組への出演や制作協力を行う。

http://prosakka.jugem.jp/

監修者

今村正典(いまむら・まさのり)

1966年、神奈川県大和市生まれ。行政書士。
株式会社のぞみ総研代表取締役。企業のコンプライアンスや海外進出支援を行う。
東海大学政治経済学部卒業。特定非営利活動法人 日本障害者スキー連盟監事。
http://thefirm.jp/

イラスト

ぼうごなつこ

神奈川県横浜市生まれ。漫画家。
代表作は『これならできる!高認合格超基本テキスト』(オクムラ書店)、『転ばぬ先のツイ』(メディアパル)、『子どもの心に寄り添って』(日本ユニセフ協会)など。
http://bougo.com/

自分と家族のためのエンディングノート作成入門
──遺言・相続・成年後見　決めることは自分で決めて、
あとの人が困らないために

2015年3月30日　初版第1刷発行

著　　者　松本肇
監　　修　今村正典
イラスト　ぼうごなつこ

発　行　所　トライアル出版
　　　　　〒231-0007　横浜市中区弁天通3-39-209
　　　　　電話　045-222-2868
　　　　　http://trialmall.com/

発　売　元　オクムラ書店
　　　　　〒101-0061　東京都千代田区三崎町2-12-7
　　　　　電話　03-3263-9994
　　　　　http://okumurabooks.com/

製版・印刷　（株）シナノ

ISBN978-4-86053-130-0　C2077　￥2000E